LA RÈGLE DU JEU

34e ANNÉE . OCTOBRE 2024 . **N°83**
DIRECTEUR : BERNARD-HENRI LÉVY

ISBN : 978-2-246-83403-8
ISSN : 16-9631-8
Couverture : Illustration : Frédéric Menant

34e ANNÉE . OCTOBRE 2024 . **N°83**

DIRECTEUR BERNARD-HENRI LÉVY

CONSEILLERS JEAN-PAUL ENTHOVEN, GABI GLEICHMANN

RÉDACTRICE EN CHEF MARIA DE FRANÇA

ÉDITEUR NATHAN DEVERS

DIRECTEUR ARTISTIQUE GRÉGOIRE GARDETTE

CORRECTEUR XAVIER COLLET

GRAPHISME FRÉDÉRIC MENANT

COMITÉ DE RÉDACTION

ARMIN AREFI, PASCAL BACQUÉ, † PHILIPPE BOGGIO, GILLES COLLARD, ÉRIC DAHAN, LAURENT DISPOT, DAVID GAKUNZI, PIERRE-HENRI GIBERT, ADAM GOPNIK, DONATIEN GRAU, MARIE-JOËLLE HABERT, RAPHAËL HADDAD, JACQUES HENRIC, GILLES HERTZOG, PATRICK KLUGMAN, GUY KONOPNICKI, † LILIANE LAZAR, JACQUES MARTINEZ, PATRICK MIMOUNI, YANN MOIX, BERNARD SCHALSCHA, ALBERT SEBAG, OLIVIER ZAHM, FLORENT ZEMMOUCHE

COMITÉ ÉDITORIAL

ANNE APPLEBAUM, ÉTATS-UNIS
† ANDREÏ BITOV, RUSSIE
BEI DAO, CHINE
† EDGAR LAWRENCE DOCTOROW, ÉTATS-UNIS
† CARLOS FUENTES, MEXICO
ADAM GOPNIK, ETATS-UNIS
JENS CHRISTIAN GRONDAHL, DANEMARK
DAVID GROSSMAN, ISRAËL
KAISER HAQ, BANGLADESH
MILJENKO JERGOVIĆ, BOSNIE HERZÉGOVINE
† TADEUSZ KANTOR, POLOGNE
IVAN KLÍMA, RÉPUBLIQUE TCHÈQUE
† GYÖRGY KONRÁD, HONGRIE
† TADEUSZ KONWICKI, POLOGNE
ANTONIO LOBO ANTUNES, PORTUGAL
CLAUDIO MAGRIS, ITALIE
EDUARDO MANET, CUBA
† PEDRAG MATVEJEVITCH, CROATIE
† ABDELWAHAB MEDDEB, TUNISIE
† CZESLAW MILOSZ, POLOGNE
† RACHID MIMOUNI, ALGÉRIE
† AMOS OZ, ISRAËL
ATIQ RAHIMI, AFGHANISTAN
SALMAN RUSHDIE, ANGLETERRE
FERNANDO SAVATER, ESPAGNE
ROBERTO SAVIANO, ITALIE
PETER SCHNEIDER, ALLEMAGNE
† JORGE SEMPRÚN, ESPAGNE
† SUSAN SONTAG, ÉTATS-UNIS
MARIO VARGAS LLOSA, PÉROU
ROB RIEMEN, PAYS-BAS
JONATHAN SAFRAN FOER, ÉTATS-UNIS
SIMON SCHAMA, ANGLETERRE
† ABDULAH SIDRAN, BOSNIE HERZÉGOVINE
† ADAM ZAGAJEWSKI, POLOGNE

DIRECTEUR DE LA PUBLICATION GILLES HERTZOG

DOSSIER : L'EUROPE CONTRE L'ANTISÉMITISME

ARTICLES ET NOUVELLES

DOSSIER : L'EUROPE CONTRE L'ANTISÉMITISME

BERNARD-HENRI **LÉVY**

Le retour foudroyant de la haine des Juifs

Madame la Présidente de l'Assemblée nationale, Monsieur le Président du Sénat, Madame la Maire de Paris, ma chère amie Anne Hidalgo qui est de tous mes combats depuis si longtemps et notamment du combat contre l'antisémitisme, Messieurs les Premiers ministres, Messieurs les Ministres, chers amis, cher Jean-Marc Dumontet qui nous accueille dans cet endroit magique, je vous remercie du fond du cœur.

Quelques mots sur le contexte et le déroulé de cette soirée. Le contexte, vous le connaissez. Il y a quatre-vingts ans, en 1945, l'Europe se remettait à grand-peine d'une tentative de suicide. Son âme, sa culture, son avenir tenaient à un fil tendu au bord d'un abîme innommable. Cet abîme, c'était la destruction des Juifs d'Europe. En 1945, il y avait une Pologne sans Juifs polonais, une Allemagne sans Juifs allemands, amputée de son lumineux et magnifique Yiddishland. Il y avait une France qui s'était en partie amputée des descendants des grands légistes qui avaient fabriqué le contrat social à la française en souvenir du royaume des Hébreux, une France amputée des descendants de ceux qui avaient imaginé et parfois sacré les rois de France au nom des rois David et Salomon, parce que c'était cela, la royauté française. Nous avions une France que l'on avait tenté d'amputer des héritiers de Rachi et de Marcel Proust, c'est-à-dire des inventeurs de la langue française. Et c'était cet abîme-là qui faisait que la France, que l'Europe étaient à l'agonie. Des femmes et des hommes, une compagnie de pionniers se sont alors levés et ont décidé, comme vous le savez, de refonder une Europe dont le nom ne prêtât pas à rougir. Ils ont fabriqué et posé les bases de cette Europe en faisant le serment d'en finir avec les fascismes, puis avec les colonialismes, un peu plus tard avec les totalitarismes. Mais plus profondément peut-être, sachant que ce naufrage de l'Europe, que ce suicide de l'Europe tenait fondamentalement à la tentative de destruction des Juifs, ils ont fabriqué cette nouvelle Europe sur un pacte qui était le pacte ou le théorème d'Adorno, le « plus jamais ça », le « plus jamais l'antisémitisme. » Le vrai socle, le vrai sol, le vrai fondement, dans l'esprit des fondateurs de l'Europe, c'était ce refus absolu, radical, de la haine des Juifs et de ce dont ils étaient les porteurs.

Les grands pionniers de l'Europe étaient des lecteurs de Kafka – Kafka qui avait eu la prémonition de la solitude du peuple juif et d'Israël –, les fondateurs de l'Europe étaient des femmes et des hommes qui avaient lu Primo Levi, des femmes et des hommes qui avaient lu Malaparte et son effroyable roman de guerre *Kaputt* qui s'ouvrait sur des images d'un palais proustien au royaume de Suède et qui, après une traversée d'épouvante du continent européen, se terminait avec le pogrom de Iaşi en Roumanie. Les fondateurs de l'Europe ont dit : « Plus jamais ça. »

Quatre-vingts ans ont passé depuis ce serment ; et quatre-vingts ans plus tard, l'Europe est aujourd'hui de nouveau au bord de l'abîme. Vraiment, je le pense, et c'est la raison pour laquelle, avec mes camarades de *La Règle du jeu*, j'ai pris l'initiative de cette soirée. L'Europe est au bord de l'abîme, pas pour des raisons économiques – même si l'économie européenne est parfois chancelante –, pas pour des raisons culturelles – même si la culture européenne d'aujourd'hui est encore loin de son fabuleux scintillement d'avant la destruction des Juifs –, ce n'est pas davantage sa souveraineté politique qui la met en crise – même si elle s'obstine étrangement à vouloir demeurer une sorte de banlieue du monde et de l'Histoire. Non, ce qui fait que l'Europe est de nouveau au bord de l'abîme, c'est le phénomène, inimaginable pour un homme ou une femme de ma génération – et je crois pour les générations suivantes aussi –, de ce retour foudroyant de la haine des Juifs. Elle n'était jamais partie, naturellement, elle était toujours là, endémique, et les Juifs, les amis des Juifs, les démocrates, les amis de la France avaient appris à la contenir, à lui résister ; mais elle prend depuis quelques mois des formes inédites et d'une violence extrême. Pas à cause de la guerre livrée par Israël au Hamas ; cette haine-là, elle a commencé avant la riposte israélienne. C'est dès le 8 octobre que les premiers signes, et peut-être les plus terribles, se sont manifestés. Vous les connaissez, je ne vais pas y revenir, d'autant qu'ils seront évoqués par d'autres tout au long de cette soirée.

Mais enfin, nous sommes pour la première fois depuis quatre-vingts ans dans une France, dans une Europe où l'on peut empêcher une chanteuse de se produire à Malmö et où il faut des forces policières considérables pour lui permettre de braver la meute de salopards qui l'insultent et qui tentent de l'empêcher de se produire. Nous vivons dans une Europe où l'on peut impunément traiter un député de la République de porc, nous vivons dans une Europe où les ennemis de la République et où les ennemis de la France sentent, savent cette terre si vulnérable à cette peste qu'ils l'instrumentalisent, qu'ils en font un levier. Je pense à la Russie de Poutine que la France affronte aujourd'hui diplomatiquement, politiquement, peut-être demain un peu plus, et qui est vraisemblablement à l'origine des manipulations que nous savons. Donc c'est cela, la France et l'Europe d'aujourd'hui, nous le savons tous et nous en avons tous les jours de nouveaux signes.

Si ce que je viens de tenter de dire – et dont je crois que nous sommes nombreux à être convaincus – est vrai, c'est-à-dire si le vrai gouffre, la vraie béance, le vrai trou sur lequel l'Europe a dû se fonder, c'est la destruction des Juifs, leur réprobation, leur diffamation, logiquement il ne devrait pas y avoir de sujet plus crucial, plus brûlant, qui anime davantage les débats, que ce sujet-là. La question de la tornade antijuive qui est en train de souffler sur l'Europe devrait être un sujet central, décisif.

Je vois bien un parti, La France insoumise, qui parle de cela, mais de la façon que vous savez, en incendiaire des esprits, en mettant le feu aux âmes, en instrumentalisant cet antisémitisme et, bien plus encore, je crois, en l'inspirant. La France insoumise, le parti de monsieur Mélenchon, le parti de madame Rima Hassan, est aujourd'hui un parti peuplé, non pas de machiavéliens qui font de sordides calculs électoraux pour essayer de draguer quelques voix musulmanes, mais de gens qui parlent comme Édouard Drumont, comme le premier Maurice Barrès, qui parlent comme des antisémites. Lorsque la présidente de l'Assemblée nationale se rend à Tel-

Aviv pour apporter son soutien aux otages, ces gens parlent d'elle comme Édouard Drumont s'exprimait dans sa *France juive* au moment de l'affaire Dreyfus : d'après monsieur Mélenchon, madame Braun-Pivet, ce jour-là, allait « camper » à Tel-Aviv et en perdait de fait la légitimité qui lui permettait d'incarner la représentation nationale du peuple français. Donc La France insoumise parle de ce sujet, certes, mais avec les mots de l'infamie.

Lorsque le député LFI dont je ne veux même pas prononcer le nom parce qu'il m'écorche la langue, traite l'un de ses collègues de cochon, l'extrême droite voit l'un des siens, monsieur Frédéric Chatillon, conseiller de madame Le Pen et proche ami de Bachar el-Assad, féliciter le député de La France insoumise – comme le font aussi ceux auprès de qui nous savons que le député en question s'est « initié à la question juive », comme il dit, c'est-à-dire Alain Soral et Dieudonné.

L'extrême droite nous raconte qu'elle a rompu avec l'antisémitisme de ses fondateurs. Je ne vais pas entrer dans ce débat. J'ai un procès avec Jordan Bardella pour avoir douté de la réalité de cette conversion et pour avoir notamment dit qu'on ne rompait pas avec l'antisémitisme par décision d'un bureau politique, que l'antisémitisme était un poison de l'âme dont on ne se défaisait pas d'un trait de plume.

Je mets à part ces deux extrêmes populistes et je regarde les partis républicains, les grandes listes républicaines. Je regarde, j'écoute – mais on a beau tendre l'oreille, ce sujet-là n'est pas en tête de leur agenda, il ne semble pas faire partie de leurs priorités. L'Europe traverse une crise existentielle, l'antisémitisme est véritablement une menace existentielle qui pèse sur l'Europe, et jusqu'à présent je n'entends pas que cette menace existentielle soit prise en compte par les membres honorables, respectables, des listes républicaines.

Encore une fois, si vraiment, comme me l'a dit un jour Joschka Fischer il y a vingt ans – je l'avais interviewé pour le journal *Le Monde* –, le *Grund*, le fondement de l'Europe d'après 1945 réside dans ce refus acharné, sans appel, sans compromis, de la haine du nom juif – pour parler comme Jean-Claude Milner –, alors le moins que l'on puisse dire est qu'aujourd'hui, les héritiers de la compagnie de pionniers qui avaient lu Kafka, Malaparte et Adorno ne sont pas à la hauteur.

C'est pourquoi *La Règle du jeu* a pris l'initiative de cette soirée. *La Règle du jeu*, c'est une revue littéraire, une revue d'écrivains, une revue qui, si cela était à refaire, pour reprendre le mot célèbre, recommencerait peut-être par la littérature. Mais, pour celles et ceux qui peut-être ne l'auraient pas présent à l'esprit ou seraient trop jeunes pour en avoir été témoins, c'est une revue qui s'est fondée en 1990 sur les ruines du mur de Berlin ; elle a été créée par de grands écrivains européens : Jorge Semprún, Claudio Magris, Salman Rushdie – parce que l'Europe, ce n'est pas seulement un territoire, c'est une idée, ce n'est pas seulement une catégorie géographique, c'est une catégorie de l'être. *La Règle du jeu* a été fondée par ce grand Européen selon l'esprit qu'est Mario Vargas Llosa, cet autre grand Européen selon l'esprit qu'était mon ami Amos Oz, dont David Grossman a pris le relais au comité éditorial de notre revue au moment de sa disparition et même d'ailleurs un peu avant. Donc *La Règle du jeu*, c'est cette revue d'écrivains qui, dès sa naissance, a considéré que rien n'était plus urgent que de prendre très au sérieux cette question de l'Europe en train de se réunifier, en train de se réconcilier avec elle-même, en train de rompre avec cette captivité dont une moitié d'elle avait été victime, pour parler comme cet autre ami de *La Règle du jeu* qu'était Milan Kundera. Et c'est donc *La Règle du jeu*, c'est notre comité éditorial, ce sont aussi les jeunes écrivains de la revue, Maria de França, la directrice de la rédaction, nos jeunes camarades, Nathan Devers, Baptiste Rossi – c'est nous qui avons pris la décision de faire ce que la même *Règle du jeu* avait fait il y a une trentaine d'années, au moment de la guerre de Bosnie. À l'époque, certains s'en souviennent, le siège de Sarajevo battait son plein et nous avions pensé que l'Europe n'avait plus de sens, que ce n'était pas la peine d'en faire de grands mots si l'on n'arrêtait pas le siège de Sarajevo. Nous avions pensé que rien n'était plus urgent et nous avions lancé avec André Glucksmann, avec Romain Goupil, Gilles Hertzog, d'autres, une liste Sarajevo aux élections européennes.

C'est un peu dans le même esprit que nous nous réunissons ce soir pour dire qu'il n'y a pas, qu'il ne devrait pas y avoir, actuellement, de sujet plus essentiel à prendre à bras-le-corps que celui-là. Il n'y a rien de plus urgent que de remettre sur le métier à tisser cette toile en lambeaux qui, en 1945, a été sauvée par quelques Justes et qui est en train de retomber en pièces. *La Règle du jeu* est une revue et un site internet où l'on sait, où l'on se souvient, comme Paul Celan, que l'Europe, qui devrait être le pays des hommes et des livres, est en train de devenir le pays où les vitupérations les plus infâmes se font entendre. *La Règle du jeu* est une revue où l'on estime que l'Europe a une dette non acquittable à l'endroit du peuple du Livre et que la façon dont ses porteurs ou ses témoins sont aujourd'hui diffamés est une atteinte à la mémoire de l'Europe, à son histoire, mais surtout à son avenir.

Voilà la raison de notre rendez-vous ce soir. Des écrivaines et des écrivains, amis de la revue, des représentants d'organisations juives et antiracistes sont ici avec nous, Yonathan Arfi, président du CRIF, et d'autres. Vous allez entendre des directeurs de grands journaux européens qui vont nous donner une sorte d'état des lieux de cette haine-là dans leurs pays respectifs. Vous allez entendre madame Delphine Horvilleur et monsieur le grand rabbin de France, Haïm Korsia. Vous n'allez pas entendre les têtes de liste, nous ne les avons pas invitées puisqu'elles seront ici interpellées ; mais vous allez en revanche entendre un ancien Premier ministre : Manuel Valls. L'ancien Premier ministre Bernard Cazeneuve, qui devait être présent, m'a dit qu'il serait avec nous en pensée mais qu'il n'aurait pas la force d'être ici physiquement, car il est en deuil de son épouse depuis quarante-huit heures. Et je voudrais immédiatement passer la parole à la présidente de l'Assemblée nationale, madame Braun Pivet.

YAËL **BRAUN-PIVET**

Halte à l'intimidation

19 avril 2024. « Salut la putain de juive. Quel dommage que ton avion ne se soit pas scratché !!! Mais quand ils ont remis les "gaz", ça a dû te parler, ce mot... pourriture de youpine. [...] En fait on va finir le boulot de 45... Éliminer la vermine juive... On a progressé en technique. [...] On ne t'oublie pas... Ta famille non plus, d'ailleurs... »

Voilà ce que j'ai reçu, ce qu'a reçu la présidente de l'Assemblée nationale, quatrième personnalité de l'État. Ne nous y trompons pas : à travers moi, c'est la République tout entière qui est visée, ses valeurs, son universalisme. Et c'est la raison pour laquelle je ne me laisserai jamais intimider par ces lettres ignobles. Quand on reçoit de tels courriers chargés de menaces et de haine, je comprends que certains puissent avoir peur, se recroquevillent sur eux-mêmes et n'en parlent pas. Moi, je suis ainsi faite qu'au contraire, je ne courbe pas l'échine : je me redresse, je dis les choses, pour montrer à tous ce qu'est l'antisémitisme contemporain dans sa réalité, dans toute sa bêtise et dans toute sa crudité.

Depuis mon élection à la présidence de l'Assemblée nationale, j'ai déposé pas moins de quarante-huit plaintes pour menace de mort ou outrage, dont vingt-quatre sont clairement motivées par l'antisémitisme. Une injure, une menace, une lettre anonyme n'ont rien d'anodin et elles appellent une réplique, ne serait-ce que pour refuser la banalisation de l'antisémitisme. Or, en 2023, le ministère de l'Intérieur a dénombré 1 700 actes antisémites, soit quatre fois plus qu'en 2022 ; et plus des deux tiers de ces actes ont eu lieu depuis l'attaque terroriste du 7 octobre, soit une hausse de 1 000 %. En trois mois, autant d'actes antisémites ont été recensés que durant les trois dernières années. L'école de la République est elle aussi touchée, y compris dans les petites classes. La semaine dernière, je lisais avec effarement qu'au cours de l'année scolaire, l'Éducation nationale a recensé pas moins de 1 434 actes antisémites dans l'enceinte de nos établissements.
1 700, + 1000 %, 1 434, dans la rue, sur les réseaux sociaux, à l'école : cela n'a rien de résiduel.

Alors oui, dans ce contexte, il est temps de réagir, il est temps de se ressaisir et de revenir aux fondements de l'universalisme républicain. « Le monde ne sera pas détruit par ceux qui font le mal, mais par ceux qui les regardent sans rien faire », disait Albert Einstein. Et c'est habités par cette conviction qu'il y a six mois, avec le président du Sénat Gérard Larcher, nous avons décidé de tirer ensemble la sonnette d'alarme en organisant un événement visible et hautement symbolique, ouvert à tous : une marche civique pour la République et contre l'antisémitisme du Palais-Bourbon au palais du Luxembourg. Cette marche fut un succès, comme vous le savez, avec plus de 200 000 personnes dans la rue partout en France, manifestant calmement mais fermement leur attachement aux valeurs démocratiques : celles de la République française, celles de l'Europe unie. Malgré les nombreux commentaires dont fit l'objet cette marche, un détail significatif semble avoir échappé aux meilleurs observateurs : en remontant le boulevard Saint-Germain, puis le boulevard Saint-Michel jusqu'en bas de la rue Soufflot, nous avons suivi exactement l'itinéraire de la panthéonisation de Jean Jaurès dont nous commémorerons le centième anniversaire l'automne prochain.

Il faut le rappeler clairement : l'Europe s'est construite sur des valeurs démocratiques, sur la protection des droits et des libertés des citoyens. L'Union européenne n'est pas seulement un marché unique ; ce sont plutôt ses adversaires qui voudraient n'en faire qu'une zone de libre-échange. Elle est une communauté de destin entre États de droit qui nous protège de l'arbitraire et des discriminations ; elle est un espace de liberté que les Ukrainiens, les Géorgiens, les

Moldaves aimeraient tant intégrer, elle est un phare pour les opprimés du monde entier – et c'est une Européenne qui vous le dit : ma grand-mère est née à Munich, mon grand-père en Pologne. Ma grand-mère était une gymnaste et une championne de natation. Un jour, dans l'Allemagne hitlérienne, sous l'effet des premières lois raciales voulues par les nazis, la jeune fille qu'elle était s'est vu refuser l'entrée du gymnase, de son école, de la piscine. Ses parents ont compris à temps ce qui était en train de se passer. La famille est vite partie, une valise par personne à la main, et c'est en France qu'elle a trouvé refuge.

Cette France des droits de l'homme et de la laïcité, mon grand-père aussi y croyait. Quand la République fut en danger, en 1939, il s'engagea dans la Légion étrangère. Il se battit durement, courageusement, jusqu'à l'armistice. Plus tard, replié en Savoie, il rejoignit la Résistance et se battit encore, l'espoir chevillé au corps. Il fit partie des troupes qui libérèrent Cluses, une petite ville de Haute-Savoie où, ironie de l'histoire, un homme, ingénieur d'âge mûr, a mis il y a quelques jours ma photo, ainsi que celle de Gérard Larcher, sur une affichette injurieuse et menaçante, à côté d'une étoile de David. Il sera jugé au mois de juillet, et c'est aussi pour cela qu'il ne faut rien laisser passer.

Nous voici donc à la croisée des chemins : soit nous renforçons l'État de droit à l'échelle du continent, et nous nous efforçons de maintenir la démocratie et la paix, soit les forces de destruction l'emporteront. C'est nous, citoyens, qui avons notre destin en main, à condition que nous nous mobilisions comme nous le faisons ici ce soir. La marche du 12 novembre n'était qu'un commencement, elle amorçait un travail de fond que nous poursuivons aujourd'hui et que nous continuerons demain.

Au vieil antisémitisme d'extrême droite s'ajoute maintenant une haine du Juif, déguisée aux couleurs du gauchisme et de la cause palestinienne. Ne laissons pas l'équivoque s'installer. Nul ne nie les drames survenus au Proche-Orient depuis des décennies, nul ne nie les souffrances des Palestiniens dans ce conflit sans fin auquel la France et l'Europe tentent justement d'apporter une trêve en vue d'une solution à deux États garantie internationalement. En présence d'une situation si complexe et dramatique, c'est l'esprit de mesure et de compromis qui doit prévaloir, c'est le sérieux et le dialogue qui, seuls, peuvent apaiser les tensions. Tous ceux qui soufflent sur les braises, excusant voire encourageant le terrorisme, désignant les Juifs comme coupables, ceux-là poursuivent d'autres buts que la paix et ne font en réalité qu'instrumentaliser la cause palestinienne. En quelques pirouettes, on réécrit l'histoire, on fait de l'agressé l'agresseur, pour mieux recycler les vieux préjugés sous les couleurs de l'actualité. Le Juif n'est plus « déicide », le voici « génocidaire », lui qui fut victime du plus grand génocide de l'Histoire. Le Juif manipulateur et fauteur de guerre : voilà l'ennemi pour tous les démagogues en quête d'effets faciles, y compris pour ceux qui se réclament par ailleurs des idéaux de la Révolution française et de la République.

Eh bien, non ! Il y a une incompatibilité totale, une impossibilité absolue entre les valeurs de la République et la haine du Juif. Cela pourrait sembler une évidence et ma grande tristesse est de constater qu'il faut aujourd'hui l'affirmer, le dire à haute et intelligible voix pour mettre fin aux impostures et aux confusions. C'est vrai en France, c'est vrai en Europe.

Comment ne pas évoquer ici la haute figure de Simone Veil, qui fut la première femme à présider le Parlement européen ? Dès sa prise de fonction, elle déclarait : « Quelles que soient nos différences de sensibilité, je pense [...] que nous partageons la même volonté de réaliser une communauté fondée sur un patrimoine commun et un respect partagé des valeurs humaines fondamentales. » Et c'est dans cette même logique, longtemps plus tard, qu'elle affirma : « L'Europe, c'est l'espoir de progrès. » Oui, elle avait raison ; et ne laissons pas s'éteindre cette lueur qui illumine l'horizon des peuples européens. Paix, progrès, prospérité : telles sont les promesses de l'Europe démocratique en laquelle, seule, nous pouvons garantir un avenir serein à nos enfants.

Dans notre appel du 7 novembre, Gérard Larcher et moi, nous citions Clemenceau qui disait : « La France ne serait plus la France si elle refusait de nous entendre. » La marche du 12 novembre a montré qu'elle nous entend. Ce rassemblement, aujourd'hui, le montre aussi. Continuons à nous battre ensemble pour la République, pour l'Europe unie, et pour que leurs valeurs triomphent des forces de haine.

GÉRARD **LARCHER**

La lutte contre l'antisémitisme est à la genèse de l'UE

Kibboutz Kfar Aza, 21 décembre 2023. Avec le président de la Knesset et tous les présidents des groupes politiques représentés au Sénat, nous sommes à Kfar Aza. Une forme de pudeur réprouve souvent à se rendre sur les lieux où se sont produites de grandes tragédies. Et pourtant, ces lieux portent témoignage. Ils renferment le poids effrayant du vide dont parlait Simone Veil, les traces silencieuses de la souffrance extrême des personnes massacrées parce qu'elles étaient juives.

En pénétrant dans le kibboutz dévasté et sans vie, on ne peut s'empêcher de penser à l'effroi décrit par ceux qui ont découvert l'horreur des camps. Bien sûr, les circonstances historiques ont changé, mais la cruauté est toujours la même, elle s'exerce toujours sur les mêmes victimes. Tuer avec la plus grande cruauté, dans la jubilation du massacre, ce n'est pas seulement ôter la vie : cela devient quelque part une menace pour l'humanité entière.

S'il est un continent qui, après la Shoah, devrait être immunisé contre l'antisémitisme, c'est bien l'Europe. Nous avions cru y parvenir grâce à la construction européenne, avant que l'édifice ne se craquèle. C'était en France, souvenons-nous, au début des années 2000, lorsque le caractère des crimes commis contre des Juifs peinait à être reconnu comme antisémite, et que l'ouvrage publié sous la direction de Georges Bensoussan, *Les Territoires perdus de la République*, montrait déjà à quel point l'enseignement de l'histoire de la Shoah était remis en cause dans certains quartiers de nos cités. Quelle catastrophe devra-t-elle encore advenir pour que nous prenions collectivement la mesure des menaces ? Faudra-t-il davantage de morts, faudra-t-il davantage de violence contre de simples citoyens, davantage d'intimidations, davantage de messages haineux sur Internet ? Nous connaissons tous ici ceux qui en sont la cible… et les auteurs.

Jamais, avec la présidente de l'Assemblée nationale, nous n'aurions pensé qu'après le 7 octobre il serait indispensable d'organiser une marche contre l'antisémitisme et pour la République, ni que cette marche même ferait débat. C'était le 12 novembre 2023.

Dans ces conditions, permettez-moi de vous parler sans filtre, de partager quelques convictions et quelques questions. L'antisémitisme a-t-il de nouveaux visages en Europe ? C'est, me semble-t-il, une évidence, même si nous ne pouvons écarter d'un revers de main l'antisémitisme qui a « triomphé » en d'autres temps et que le nouvel antisémitisme n'absout pas le plus ancien. Mais aujourd'hui, l'antisémitisme est décuplé parce qu'il se nourrit à d'autres sources : celles d'un islam radicalisé et d'une ultra-gauche qui ne font plus la différence entre la critique de l'État d'Israël et l'antisémitisme, celle d'un islam interprété d'un point de vue littéral et qui tente d'imposer ses propres normes à la loi de la cité. Voltaire, s'il vivait en France aujourd'hui, pourrait-il encore écrire son *Mahomet* ? Je n'en suis pas certain. On jugerait l'esprit voltairien « discriminatoire », comme les caricatures de *Charlie Hebdo*.

L'antisémitisme se limite-t-il aux seuls cercles de l'islam radical ? Non, malheureusement. L'extrême gauche, aveuglée par son antisionisme et pour des considérations électoralistes, a perdu tout repère et s'est mise en marge des valeurs de la République. Souvenez-vous comment le leader de La France insoumise a qualifié le déplacement de la présidente de l'Assemblée nationale en Israël le 22 octobre. Lorsque des forces institutionnelles comme des partis politiques nourrissent haine et antisémitisme, la dérive est inacceptable. Et lorsque l'on frappe de proscription l'État d'Israël, au même titre que la Russie, au salon Eurosatory, on accorde *de facto* une victoire idéologique aux partisans du boycott et à l'ultra-gauche.

Les opérations militaires de Tsahal à Gaza pourraient-elles « expliquer », comme on l'entend trop souvent, le déferlement de l'antisémitisme ? Curieux procès qui vise à justifier l'injustifiable et légitimerait le débordement de la violence contre les Juifs au-delà des porte-voix de l'islam radical, comme si les Français juifs, qui sont français, les Américains juifs, qui sont américains, les Anglais juifs, qui sont anglais, étaient par « nature » comptables des autorités israéliennes et coresponsables de ce qui se déroule dans la bande de Gaza. Rappelons les seuls faits : la flambée des actes antisémites en France et en Europe n'a pas attendu la riposte d'Israël dans la bande de Gaza ; elle fut immédiate, comme si les massacres du 7 octobre avaient galvanisé la haine et provoqué un effet d'entraînement en démontrant la vulnérabilité de l'État d'Israël. *A contrario*, préparons-nous à ce que la trêve dans la bande de Gaza, que j'appelle de mes vœux, n'engendre pas de trêve dans la survenance des actes antisémites en France, en Europe ou ailleurs.

L'État israélien commet-il un génocide à Gaza en conduisant une riposte – je cite – « disproportionnée » ? Mais comment répondre de façon proportionnée à une organisation terroriste qui utilise la population civile comme bouclier humain, qui fait le choix d'une stratégie jusqu'au-boutiste au lieu d'épargner des vies, en refusant depuis des mois de libérer les otages ? N'oublions pas les otages ! Le droit international a été conçu pour qualifier la guerre entre deux États, et non la violence d'un groupe terroriste à l'égard de la population civile d'un État. Bien sûr, on peut être en désaccord avec la politique du gouvernement israélien – c'est mon cas –, le presser de prendre davantage de mesures humanitaires pour les civils à Gaza, car il ne faut pas compter sur le Hamas pour soulager et protéger les Gazaouis. Bien sûr, on doit dénoncer les exactions d'Israéliens orthodoxes et ultranationalistes en Cisjordanie. Bien sûr, nous sommes nombreux à plaider pour une solution à deux États, solution indispensable afin d'ouvrir une perspective politique. Mais accuser l'État agressé d'être l'agresseur et de commettre des exactions telles qu'il deviendrait un État génocidaire est à la fois une erreur historique, une faute morale et un biais idéologique mortifère. Qui veut rayer un État de la carte, sinon le Hamas, La France insoumise et certains activistes à Science Po ou dans des universités, qui disent, rappelons-le, qu'ils sont favorables à un État palestinien « du fleuve à la mer » ?

Disons-le à l'adresse de la Cour pénale internationale : lorsque le banc des agressés devient le banc des accusés, je crois que la justice s'égare. Que ceux qui, dans les démocraties occidentales, exigent de faire porter toute la pression sur Israël n'oublient pas de faire d'abord pression sur le Hamas pour qu'il libère les otages. Nombre d'exigences doivent aussi être formulées à l'Autorité palestinienne pour qu'elle se réforme et puisse, demain, exercer ses prérogatives en Cisjordanie et dans la bande de Gaza. Tel est le message que j'ai porté auprès du président Abbas en décembre dernier à Ramallah. En 2014, le Parlement français avait appelé le gouvernement français à reconnaître un État palestinien. Je le dis avec responsabilité : une telle reconnaissance devrait advenir à l'issue d'un processus de négociations, et ne pas être la résultante d'une action terroriste. Le Hamas est devenu l'un des principaux obstacles de l'aboutissement de la cause palestinienne.

Force est de reconnaître que l'Union européenne elle-même est restée en retrait. C'est d'autant plus regrettable, et vous l'avez rappelé, que la lutte contre l'antisémitisme est à la genèse de l'Union européenne. Alors que l'heure des survivants des camps et des témoins s'achève, nous commençons à en mesurer les effets sur la transmission de la mémoire de la Shoah. Peut-être faut-il raffermir le socle de nos valeurs, trop souvent instrumentalisées pour devenir un obstacle à leur préservation même. Peut-être faut-il « refaire civilisation », comme nous y a appelés une tribune récente, en renonçant à un relativisme érigé en dogme et en droit.

Il est encore temps de faire entendre un autre discours que celui qui inverse valeurs et repères. Il est encore temps, pour garantir la sécurité de tous, de renforcer la protection de ceux qui sont la cible de menaces ou d'attaques. Il est encore temps de rappeler haut et fort que la France est un État laïque et qu'elle est attachée à la laïcité qui fait sa singularité. Trop souvent, la haine d'Israël préfigure un rejet de l'Europe et de ses valeurs. Justifier l'action du Hamas, à quelque titre que ce soit, me paraît contraire aux valeurs de l'Europe ; l'affirmer sans ambiguïté, c'est s'inscrire dans l'héritage des pères fondateurs de l'Europe et c'est le sens d'un authentique engagement européen.

Les Juifs ont fait de Paris ce qu'elle est aujourd'hui

Cher Président du Sénat, cher Gérard Larcher, chère Yaël Braun-Pivet, Madame la Présidente de l'Assemblée nationale, Monsieur l'ancien Premier ministre, Mesdames et Messieurs, chers amis, merci. Et merci, cher Bernard-Henri Lévy, merci à *La Règle du jeu* de nous donner l'occasion de nous retrouver ce soir pour ce rassemblement.

Oui, l'Europe est aujourd'hui au bord d'un précipice. Oui, l'Europe est aujourd'hui rongée par cet antisémitisme qui se banalise et qui, à Paris, en France, gagne du terrain. Yaël Braun-Pivet l'a dit : les menaces qu'elle subit. Dans cette ville – je vous parle en tant que maire de Paris –, les menaces que subissent beaucoup de personnes, les insultes, les violences physiques, sont devenues quelque chose de quotidien. Victor Hugo disait : « Paris sera un jour la capitale d'un pays qu'on appellera l'Europe. » Autant vous dire que l'Europe fait partie de mon engagement et que les valeurs européennes, qui sont celles qui, après la guerre, ont vu naître cette Europe, cette organisation politique, démocratique, citoyenne, sont en effet intimement liées à la Shoah et à la montée de l'antisémitisme. Oui, l'Europe, tout comme Israël, est née de son désir de fonder une civilisation du savoir, de la conscience, une civilisation humaniste. Tous deux sont nés à partir de ce drame, à partir de la montée de l'antisémitisme, à partir de la Shoah. Alors faire comme si nous pouvions aujourd'hui nous abstraire de cette histoire, c'est finalement laisser la porte ouverte à la montée de cet antisémitisme et donner la possibilité à ceux qui ne veulent pas de ce modèle démocratique qu'est l'Europe de le détruire une fois pour toutes. Nous sommes au pied du mur.

Paris est une ville qui a vu les premières migrations de Juifs, il y a de cela très longtemps, avant même que les Juifs ne soient reconnus comme citoyens par la République française. Ici, dans cette ville, ont été accueillis celles et ceux qui ont été chassés par les premiers pogroms, celles et ceux qui sont venus avec leur force, leur énergie, leur histoire, leur culture, et tout simplement ce désir de s'enraciner quelque part où on ne les chasserait pas – parce qu'on chassait les Juifs partout en Europe. Ils sont venus à Paris et ils ont fait de cette ville ce qu'elle est aujourd'hui : une ville ouverte, une ville dans laquelle la science, les savoirs, la culture, la joie d'être ensemble font partie de notre ADN, de l'air que nous avons envie de respirer. Mais Paris a aussi connu le pire, avec les rafles, la rafle du billet vert, la rafle du Vél d'Hiv – et vous croyez que cette histoire-là n'est pas également dans nos veines, dans nos cœurs, dans nos esprits ? Que l'on soit juif ou non, cette histoire fait partie de nous. Et cette histoire, lorsque l'on devient maire de Paris, on l'embrasse pleinement, on devient toute cette histoire, on porte toute cette histoire ; sinon, on ne peut pas être dans cette ville qui a connu à la fois la joie de cette rencontre et de cet enracinement, et aussi le pire, cette volonté de détruire les Juifs à travers les rafles et à travers la Shoah. Nous portons donc cela en nous.

Évidemment que dans l'antisémitisme, il y a cet antisémitisme traditionnel que l'on connaît à l'extrême droite où il y a encore des gens qui essaient de réhabiliter Pétain en nous expliquant que Pétain aurait sauvé des Juifs. Alors bien sûr, je me bats contre cette idée, qui n'est qu'une pure et simple falsification de l'histoire, mais je me bats aussi contre les autres, ceux qui, aujourd'hui, voudraient dire : « Tout cela, c'est loin, c'est de l'histoire ancienne. Il y a d'autres sujets qui ont pris le pas. » En effet, nombre de sujets ont pris le pas, mais l'antisémitisme pose une question existentielle aux humanistes et aux démocrates que nous sommes, et cette question, nous ne pouvons pas l'éviter. Tant que nous serons des êtres humains vivants dotés de pensée et de parole, cette histoire sera présente et cette question de l'antisémitisme devra nous occuper, parce qu'elle porte la capacité des uns à dire que les autres ne sont rien, à nier leur humanité, leur dignité – cela s'est produit dans l'histoire, cela a concerné les Juifs. Il est vrai qu'aujourd'hui, l'extrême droite essaie d'expliquer qu'elle en a fini avec l'antisémitisme et que finalement, c'est une histoire ancienne. Mais je pense que personne n'est dupe des masques qui sont revêtus et qui n'attendent que le moment propice pour tomber. Nous savons qu'il se passe autre chose, ailleurs aussi, et que la confusion des esprits et la manipulation règnent. Vous avez évoqué, Bernard-Henri Lévy, les manipulations russes, et l'on a vu sur les murs de la capitale ces étoiles de David qui étaient propagées par une manipulation russe qui veut semer le chaos. On l'a vu encore récemment avec ces mains rouges sur le mur du Mémorial de la Shoah, sur le mur des Justes. On sait qu'il y a cette volonté de nous atteindre et de nous diviser.

Et puis, il y a ceux qui, à l'intérieur de cet espace politique et à gauche, considèrent que la question de l'antisémitisme n'est plus un sujet parce que la seule grille de lecture à appliquer est celle dans laquelle il y a le colonialisme et l'anticolonialisme, dans laquelle il y a les forts et les faibles, et dans laquelle Israël, aujourd'hui, serait du côté des forts. Il faudrait donc que nous considérions que le combat contre l'antisémitisme ait été dépassé par une autre grille d'analyse et ne soit plus un sujet. Un jour, les Juifs ont été assassinés, tués, niés dans leur dignité d'êtres humains tout simplement parce qu'ils étaient juifs. Et c'est ce même phénomène, ce même principe qui prévaut aux attaques, aux injures, aux actes antisémites que nous voyons aujourd'hui se déployer, se développer ici en France, ici à Paris, et partout en Europe. Et il faudrait ne rien dire ?!

Je crois profondément à l'Europe, parce que je suis profondément démocrate, parce que je pense qu'il ne peut y avoir de projet que dans la recherche de la paix, dans le respect des peuples et aussi dans cette culture commune qui nous unit. Vous l'avez dit, Bernard-Henri Lévy : il y a des noms magnifiques parmi les fondateurs de votre revue, comme celui de Jorge Semprún, qui résonne évidemment à mes oreilles, moi qui suis fabriquée dans ce bois d'une petite-fille de républicain espagnol qui dit : « *no pasaran* » à chaque fois qu'il y a de l'indignité en jeu, à chaque fois qu'il y a de la négation de la personne humaine, à chaque fois qu'il y a des atteintes aux principes démocratiques et à la République. Parce que dans mon histoire personnelle, la République française est le mythe inatteignable, c'est ce que cherche tout démocrate espagnol, tout républicain espagnol. Et l'on voudrait nous faire croire qu'il faudrait se taire, ne rien dire et attendre, parce que pour certains il y aurait quelque chose de plus important qui s'appellerait une forme d'union de la gauche ?! Alors je vous le dis très clairement : la gauche qui est la mienne – puisque je suis une femme de gauche, je le revendique – est une gauche démocratique. C'est celle qui nous a conduits à Paris, avec mon équipe – et je veux dire merci à Lamia El Aaraje qui est ici et qui, justement, a aussi affronté de plein fouet la haine, la colère, les attaques d'une partie de cette extrême gauche qui veut nous donner des leçons.

Qu'avons-nous fait, à Paris, lorsque le 7 octobre nous avons appris ce massacre perpétré par le Hamas contre les Israéliens, contre Israël (en plus, dans des kibboutzim où vivait une partie de cette gauche israélienne qui est enracinée dans le sionisme) ? Nous avons immédiatement décidé d'agir, de ne pas laisser place à une autre parole, nous avons décidé que la seule parole qui pouvait émaner de Paris tout entier était une condamnation du Hamas en tant qu'organisation terroriste et une demande de libération sans condition des otages. D'ailleurs, qu'avons-nous fait ensuite ? Nous avons décidé de donner la citoyenneté d'honneur à tous les otages retenus par le Hamas, qui sont donc aujourd'hui citoyens d'honneur de la ville de Paris. Nous avons accompagné les familles, nous avons été à leurs côtés, nous nous sommes exprimés et nous luttons au quotidien contre l'antisémitisme par tous les moyens, avec le Mémorial de la Shoah, avec tous les programmes que nous mettons en place, avec une bourse pour lutter contre l'antisémitisme – cette bourse, nous avons d'ailleurs décidé de l'appeler la « bourse Gil Taïeb », en l'honneur de notre ami Gil Taïeb qui vient de nous quitter. Nous posons donc tous ces actes : est-ce que cela fait de moi une femme qui ne serait pas de gauche et qui ne voudrait pas un jour revoir une gauche démocratique au pouvoir ? Évidemment non. Je suis de cette gauche-là et c'est cette gauche-là que je défends. Cette gauche-là existe, elle a besoin d'être soutenue, parce qu'elle se bat pied à pied, dans les organisations où l'on voudrait nous dire que nous n'existons plus, pour affirmer que l'avenir d'une démocratie, c'est de reconnaître le pluralisme des idées, et c'est aussi d'avoir une droite et une gauche qui soient capables de s'affronter dans le respect, le respect qui est celui que nous proposent la République et ses institutions – le respect, et le choix éclairé des citoyens. C'est ce travail-là que nous menons pied à pied, et je suis très heureuse que vous me donniez l'occasion de le dire ici. Nous devons maintenant aller de l'avant, sans rien lâcher, parce que ce qui est en jeu, c'est effectivement une question existentielle pour l'Europe. Il nous faut convaincre, il nous faut aussi porter un message. En tant que femme de gauche, je suis également en contact avec la gauche israélienne, et la gauche israélienne nous dit : « Ne nous mettez pas au ban des nations. Nous ne sommes pas d'accord avec ce qui se passe. » Je ne soutiens pas le gouvernement de Netanyahou, je veux que la paix arrive et je veux bien sûr que ce qui se passe aujourd'hui cesse – mais il ne faut pas se tromper dans la qualification des faits. Nous devons porter ensemble, en France, en Europe, l'espérance nouvelle que dans notre démocratie, la gauche, la droite, le centre, toutes celles et ceux qui prennent part au débat démocratique en respectant les règles du jeu et en respectant leurs adversaires – qui, en démocratie, ne sont jamais des ennemis – puissent trouver ce chemin qui est le seul chemin viable pour une Europe de la démocratie, pour une Europe des valeurs, des valeurs humanistes, l'Europe qu'incarnait évidemment Simone Veil, mais aussi pour cette gauche qui est ma référence : la gauche de Jaurès et de Blum.

La suppression dans leur bouche du mot antisémitisme est un négationnisme

« Elle était là, elle est toujours là ; on la sent, peu à peu, remonter en surface : La France moisie est de retour. »

C'est le début du texte de Philippe Sollers paru dans *Le Monde* en 1999, après que Daniel Cohn-Bendit, candidat vert aux élections européennes, contre le retraitement des déchets, figure de Mai 68, moitié français moitié allemand, et juif, s'est fait traiter de « pédé », « enculé », « facho », « on va te buter », « retourne en Allemagne », par les ouvriers du secteur soutenus par le député PS de l'époque Bernard Cazeneuve.

Sollers : « Elle vient de loin, elle n'a rien compris ni rien appris, son obstination résiste à toutes les

leçons de l'Histoire, la France moisie est assise une fois pour toutes dans ses préjugés viscéraux.»
Il y a quelques semaines, elle est tombée sur Anne Sinclair qui s'est pris 3000 messages d'insultes le lendemain... après avoir parlé «d'ignorance et de confusion» de la part des étudiants de Sciences Po, et dit qu'on pouvait contester un gouvernement, une politique, mais pas l'existence d'un État.

La France moisie se permet sur YouTube de lui répondre : «Les étudiants manifestent contre un génocide et ça vous choque?»
Oui, parce que le mot génocide est devenu synonyme de massacre. En même temps que le mot antisémitisme a été dissous dans le mot racisme, genre «pour qui ils se prennent ceux-là, "antisémitisme", non, "racisme" comme pour tout le monde. Ils auraient pas un complexe de supériorité des fois, depuis qu'ils ont subi ce qu'ils appellent la Shoah? C'était la guerre, un conflit comme un autre.»

Il y a personne pour leur dire qu'indifférencier sous un seul mot mène à l'indifférence, et que la suppression dans leur bouche du mot antisémitisme est un négationnisme?
Si Jean-Marie Le Pen revenait aujourd'hui, en disant que la Shoah est un détail de l'histoire, ça ne poserait aucun problème.
«Elle était là, elle est toujours là ; on la sent, peu à peu, remonter en surface : la France moisie est de retour.»

Elle ne se gêne pas pour parler « d'instrumentalisation » de la Shoah, et dire : « Tout le monde à la même enseigne, on va pas donner aux gens un État sous prétexte qu'on en a gazé six millions, qu'est-ce que c'est que ce délire ? Tous les jours, il y a des gens qui se font massacrer. Alors ça va. »

Sollers : « Ce n'est pas sa souveraineté nationale que la France moisie a perdue, mais sa souveraineté spirituelle. »

La France se doit de rester un refuge pour les Juifs

Si nous sommes là ce soir tous ensemble, c'est d'abord parce que nous en avions besoin. Merci à Bernard-Henri Lévy, et à *La Règle du jeu*, bien sûr, de toujours nous réunir lorsque nous en avons besoin.

Nous sommes là aussi pour dire que l'antisémitisme, non, n'est définitivement pas résiduel. Qu'il monte, qu'il déborde, qu'il est exponentiel et que, comme on l'a dit tout à l'heure, il représente une menace existentielle. Cet antisémitisme déborde dans notre pays depuis la seconde intifada, il déborde après chaque attentat. Même quand on tue des enfants juifs à la sortie des écoles, comme à Toulouse, l'antisémitisme explose ; et même lorsqu'on massacre et qu'on viole des jeunes, des kibboutznikim, des pacifistes. J'ai rencontré notamment au kibboutz Nir Oz des gens qui ne comprenaient pas pourquoi certains Palestiniens qu'ils avaient fait travailler, qu'ils aidaient et qu'ils soutenaient, que parfois ils amenaient à l'hôpital toutes les semaines, étaient venus violer et tuer dans le sillage sordide et meurtrier du Hamas. Après un pogrom, l'antisémitisme explose. Et nous sommes là pour expliquer tous ensemble à tous les Juifs de France qu'ils ne sont pas seuls, que nous avons peur avec eux, que nous pensons avec eux aux otages, et que nous sommes décidés tous ensemble à combattre cette haine qui mélange tout, qui mélange ici et là-bas, qui mélange Netanyahou et Israël, qui mélange le vrai et le faux sans jamais corriger quand les faits sont avérés. Nous sommes là pour dire à une certaine jeunesse qui fait de belles études mais qui ne connaît visiblement pas la définition du mot « génocide », une jeunesse qui a une mémoire visiblement si courte qu'elle ne connaît plus l'histoire, qu'on ne manifeste pas pour la paix en oubliant le sort des otages, et en se laissant récupérer et instrumentaliser par des fauteurs de guerre et par des meurtriers. Nous sommes là pour dire à cette jeunesse qu'on ne fait pas de grandes études pour confondre une attaque terroriste et une guerre, si longue soit-elle, si meurtrière soit-elle, qui ne fait qu'y répondre. Nous sommes là pour exiger la libération des otages et un cessez-le-feu dans le même souffle, car nous ne sommes pas de ceux qui ont des indignations sélectives. Nous sommes là pour dire au parti des soumis, des soumis à l'islamisme, et même désormais des soumis à l'antisémitisme, qui se croient porteurs de valises d'une nouvelle guerre décoloniale, qu'ils ne sont que des idiots utiles de monstres totalitaires. Et nous sommes aussi là pour dire au parti des racistes qui ne s'inquiètent de l'antisémitisme que lorsqu'il vient des musulmans ou des Frères musulmans, que nous n'oublions pas et que nous ne sommes pas dupes, et que nous savons parfaitement qu'il continue à cultiver dans son arrière-boutique l'antisémitisme de jadis, le complotisme de ses amis de trente ans, ces bons vieux gudards dont le slogan est exactement le même que le Hamas : « À Paris comme à Gaza, intifada ! » Nous sommes tous ensemble ici pour dire que nous ferons toujours tout pour que la France reste un refuge, notre refuge commun, et pour que l'Europe reste un sanctuaire, parce qu'elle a été pensée pour cela, parce qu'elle a été bâtie pour cela, et que nous voulons tous apporter une pierre à ce mur qui fera bouclier et nous protégera, parce que c'est la raison d'être de l'Europe, parce que ce sont ses valeurs, parce que c'est notre honneur. Contre le Hamas, contre Poutine, contre les Frères musulmans, nous ferons bouclier.

JEAN-MICHEL **BLANQUER**

Organiser une pensée républicaine

Je voudrais commencer par une de mes phrases préférées de Franklin Roosevelt : « La seule chose dont il faut avoir peur, c'est de la peur. »

Je crois que c'est notre sujet ce soir, parce que l'antisémitisme est aujourd'hui d'une grande virulence, il augmente, la situation est grave, mais finalement, ce que recherchent les antisémites, c'est à nous faire peur ; et à chaque fois que nous avons peur, nous leur donnons un point. C'est exactement comme avec les terroristes : ce qu'ils cherchent, c'est la terreur, et nous ne devons pas leur donner un point. Pour cela, il faut faire face. Faire face, c'est d'abord être organisés – c'est pourquoi il est important de tenir des réunions comme celle-ci. Je constate que, malheureusement, ce sont les extrémistes, les radicaux, les antisémites qui sont organisés ; tandis que les démocrates, les républicains, les humanistes, eux, ne le sont pas, parce qu'ils ont d'autres obsessions, des obsessions positives. Et ceux qui ont des obsessions positives sont moins organisés que ceux qui ont des obsessions négatives. C'est cela qui doit changer aujourd'hui, parce qu'au bout du compte, ce qui se joue, c'est le combat des forces de vie contre les forces de mort. Les forces de vie doivent être plus fortes, elles doivent donc être organisées. Rappelons-nous la vieille vision de Gramsci, qui est toujours actuelle, selon laquelle tout commence par l'esprit, tout commence par les idées. Inversement, comme on dit, « le poisson pourrit par la tête ». Et chez nous comme dans bien d'autres pays, en Europe et aux Amériques en particulier, le poisson a largement pourri par la tête. Nous le voyons à travers une série d'événements, nous le voyons dans ce que Caroline Fourest a décrit, c'est-à-dire une pensée malheureusement très prégnante qui favorise la vision victimaire, le communautarisme, et qui, *in fine*, laisse la place à l'antisémitisme, comme nous l'avons vu.

Face à cela, nous devons organiser une pensée républicaine. L'université est aujourd'hui confrontée à de multiples difficultés. Avec le Laboratoire de la République, avec la Licra, avec d'autres organisations comme Jamais sans elles, nous venons de lancer une pétition – que sans doute plusieurs d'entre vous ont déjà signée –, tout simplement pour garantir la liberté des étudiants dans les universités, pour permettre le pluralisme. Quel est le pluralisme aujourd'hui à Science Po quand vous devez raser les murs parce que vous n'avez pas le même point de vue que ceux qui manifestent, parfois même pour soutenir le Hamas ? Quelle est la liberté d'expression quand aujourd'hui il est très difficile de diverger de cette extrême gauche qu'Anne Hidalgo vient légitimement de fustiger ? Il y a aujourd'hui un problème de pluralisme, il y a un problème de liberté, et si les défenseurs de la liberté ne s'organisent pas, alors nous allons au-devant de problèmes encore bien plus graves. C'est pour cette raison qu'avec le Laboratoire de la République, nous avons depuis quelque temps cherché à organiser des antennes dans les universités, dans les établissements de l'enseignement supérieur. Que ce soient des étudiants de gauche ou de droite qui viennent, ce qui compte, c'est qu'ils soient des amoureux de la liberté, des amoureux du débat, des amoureux de tout ce qui permet l'humanisme qui, malheureusement, est aujourd'hui en recul.

Alors je voudrais terminer par cet appel à être organisés. Merci, encore une fois, de permettre ce genre de moment. Merci à tous ceux qui, ici, représentent les organisations. Merci, évidemment, à la présidente de l'Assemblée nationale et au président du Sénat de nous montrer que les institutions les plus importantes de la République sont debout et savent parler contre l'antisémitisme. N'ayons pas peur, parce que nous sommes les plus nombreux. Nous avons les députés, les sénateurs, nous avons les institutions, nous avons le peuple. Le peuple de France n'est pas antisémite. Il y a des antisémites en France, mais le peuple de France n'est pas antisémite. Nous sommes les plus nombreux, alors soyons organisés et faisons face.

JEAN-CLAUDE **MILNER**

La double généalogie de la haine antijuive

Je vais commencer par parler du mot « antisémitisme ». On sait à peu près par qui et quand il a été inventé, et pourquoi. Au départ, c'est un euphémisme.

Il s'agit de se débarrasser, dans la langue allemande, du mot « *Judenhass* » qui désignait la haine de la populace à l'égard des Juifs. Il fallait un mot nouveau qui tînt compte du fait qu'à la fin du XIXe siècle, on avait derrière soi un siècle qu'on peut appeler le siècle des clartés – on l'appelait aussi le siècle des Lumières. Il fallait un mot qui, si j'ose dire, permît au rejet à l'égard des Juifs de se dire en langue moderne.
L'antisémitisme à sa naissance se veut un exercice de l'entendement. On raisonne, on examine les faits sans préjugés, on les analyse et on en tire une conséquence : les Juifs font ceci et cela, les Juifs sont ceci et cela, donc les Juifs sont à re-

jeter. Cet antisémitisme a longtemps existé. En France, un écrivain que tout le monde respectait, qui s'appelait Charles Maurras, s'en était fait le représentant. Pour autant, le *Judenhass*, de son nom allemand, la haine à l'encontre des Juifs, existait aussi en France et elle a continué d'y exister souterrainement. Elle n'avait pas de nom. Je vais lui donner un nom – ce n'est pas moi qui l'ai inventé : la judéophobie. Pendant une longue période, il y avait donc deux faces : l'antisémitisme et la judéophobie. L'antisémitisme vient du raisonnement ; la judéophobie est une passion.

Bien entendu, c'est extrêmement poreux. Je pourrais citer des gens qui ont commencé par raisonner en antisémites nouveau style et qui ont fini judéophobes. Je pourrais citer le cas d'un judéophobe passionné, délirant de passion, qui a pris le pouvoir dans un pays où l'antisémitisme d'entendement était extraordinairement répandu : je parle de Hitler et je parle de l'Allemagne, l'Allemagne savante, l'Allemagne musicale. Toute cette Allemagne regorgeait d'antisémites qui disaient qu'ils raisonnaient à partir des faits, à partir de leur expérience. Ils avaient devant eux un délirant qui, lui, était judéophobe, non par entendement mais par passion – même si, évidemment, il avait écrit un livre qui s'appelait *Mein Kampf*, *Mon combat*, où cette passion se déguisait d'un vêtement fait de raisonnements. Et l'on a vu tous ces antisémites d'entendement savants et distingués se trouver comme emportés par la passion de cette étrange voix. Finalement, certains d'entre eux se sont retrouvés à agir passionnément, cruellement : des médecins savants torturaient des corps, des philosophes écrivaient en cachette dans leurs journaux personnels des monstruosités contre les Juifs…

Il faut avoir en tête ces deux voix : la voix de l'entendement et la voix de la passion. J'ai toujours une crainte quand je vois des imprécations sur les murs ou lorsque j'en entends. « Taxer les riches » : oui, certes – mais aussitôt je me dis qu'on peut en faire la majeure d'un syllogisme : « taxer les riches », or « les Juifs sont riches », donc « taxer les Juifs ». « Mort aux massacreurs » : oui, mais « les Juifs sont des massacreurs », donc « mort aux Juifs ». On l'a entendue récemment : la prémisse « à bas le génocide » – qui ne peut adhérer à cela ? Oui, mais cela peut devenir une majeure, la majeure d'un syllogisme – et ce syllogisme a fonctionné dans les universités américaines où l'on raisonne, mais où la passion peut se masquer sous le raisonnement. On a également raisonné ainsi dans des universités ou des établissements universitaires français.

J'aimerais que nous gardions en tête ces deux faces : l'antisémitisme d'entendement d'une part, et d'autre part la judéophobie de passion – j'emploie le mot « judéophobie » pour ne pas avoir à dire « l'antisémitisme de passion », ce qui brouillerait la terminologie.

Dans l'antisémitisme d'entendement, à la fin, on peut en arriver à cette forme en quelque sorte épurée qui dit – j'ai trouvé cela sous une plume « autorisée », « respectée » : « Il faut bien que les Juifs aient fait quelque chose pour qu'on les rejette de la sorte. » Comment être plus neutre dans le raisonnement ? On n'accuse pas, on induit. Effectivement, quand quelqu'un est aussi détesté, il faut bien qu'il y ait une raison, les êtres humains ne détestent jamais sans raison ; pas plus qu'ils n'aiment sans raison, ils ne haïssent sans raison. Donc, puisque les Juifs ne sont pas aimés, il doit y avoir une raison pour qu'ils ne le soient pas ; puisqu'ils sont haïs, il faut qu'il y ait une raison pour qu'ils le soient. Quelle raison ? Ou bien c'est de l'ordre du faire – ils ont dû faire quelque chose –, ou bien c'est de l'ordre de l'être – il faut qu'ils soient quelque chose. Et là, vous avez le choix des adjectifs : ils sont menteurs, ils sont efféminés… À une certaine époque, ce n'était pas bien vu d'être efféminé. Aujourd'hui, dirait-on qu'ils sont trans ? Je plaisante, mais en même temps il y a quelque chose de sérieux dans mon propos. Quand vous lisez sur un mur ou lorsque vous entendez « mort aux Juifs », cela peut être une injonction adressée aux antisémites d'entendement : « Vous avez vu ce qu'ils font, vous avez vu ce qu'ils sont, vous avez tiré votre conclusion : ne pensez-vous pas qu'ils méritent la mort ? Si vous êtes logique, vous ne pouvez répondre que oui. » L'antisémite d'entendement, comme le corbeau de la fable, ne se tient plus de joie ; « Vous êtes le plus intelligent des volatiles de la forêt », lui dit-on. Il ouvre large le bec et laisse tomber le fromage sous les fusils des autres auxquels il s'associe. Il a obéi à l'injonction « mort aux Juifs ».

Mais « mort aux Juifs », cela peut vouloir dire autre chose quand cela s'adresse aux judéophobes de passion. Le judéophobe de passion se souvient de Shylock qui dit à un Vénitien : « Si vous nous empoisonnez, est-ce que nous ne mourrons pas ? » Si le Vénitien est antisémite, il répondra : « Bien sûr que vous mourrez ! Et alors ? Vous êtes un homme comme un autre, tous les hommes sont mortels, donc les Juifs sont mortels. Pas de quoi en faire une histoire. » Le judéophobe entend quelque chose d'autre : « Oui, c'est votre crime. Pour que vous n'existiez plus, il faut qu'on vous tue. Votre crime, c'est que tant que vous existez, nous avons une tâche inhumaine à accomplir parce que vous êtes l'inhumanité même. Tant que l'inhumanité existe, nous, êtres humains judéophobes, animés de passion, n'avons pas achevé notre devoir à notre propre égard si nous ne vous avons pas mis à mort. » C'est alors cela que signifie « mort aux Juifs ».

Nous savons qu'il est des contrées dans le monde où la judéophobie de passion existe presque depuis toujours ; elle est en tout cas attestée par les textes depuis au moins l'Empire romain, peut-être remonte-t-elle plus haut encore, au début même de l'Histoire, et n'a-t-elle jamais cessé. Les polythéismes antiques, la religion romaine, le christianisme, l'islam, toutes les religions qui se sont succédé ont embrassé dans leur enseignement la cause de la judéophobie. Il y a des pays où la judéophobie est ancestrale, où la passion est en quelque sorte sucée avec le lait maternel ; c'est une donnée, c'est un fait. Les migrations mondiales sont aussi un fait, et il n'y a aucune raison pour que, lorsque l'on n'a pas d'autre horizon que la judéophobie ancestrale, on s'en débarrasse. Je ne dis pas que c'est impossible, mais il faut de fortes raisons, c'est un travail sur soi-même, et si on le fait tout seul, il est encore plus difficile. Mais c'est aussi un travail qu'on peut ne pas vouloir faire.

En France, pendant une longue période, l'antisémitisme d'entendement a vécu souterrainement, parce qu'après 1945, les petits faits qu'auparavant on alignait pour raisonner et conclure que les Juifs étaient ceci ou cela, étaient écrasés par un fait majeur qui empêchait tout raisonnement. L'antisémitisme d'entendement ne pouvait donc que se cacher ou se déguiser. Il y avait une institution – je ne sais pas si elle existe toujours – qui portait un très joli nom pour désigner cela : La Vieille Taupe. Effectivement, c'était plein de vieilles taupes – certains avaient mon âge, or à l'époque j'étais jeune. Leur esprit était plein de vieilleries, ils existaient et ils arrivaient à avoir de l'écho – enfin, un écho étouffé, car la voix qui sort d'un terrier s'entend moins bien que celle qui se fait entendre du haut d'une montagne. En 1995, un livre a paru qui vaudrait la peine d'être relu parce que c'est une des premières tentatives massives d'injection de l'élixir de jouvence dans les veines de la vieille taupe. Son auteur était Roger Garaudy et son titre *Les Mythes fondateurs de la politique israélienne*. Je l'ai relu récemment : c'est quelque chose de tout à fait extraordinaire, car on y trouve tous les arguments qui, aujourd'hui, nouent ensemble l'antisémitisme d'entendement et la judéophobie de passion. Et tous ces arguments ont une source : c'est la judéophobie ancestrale que Garaudy avait rencontrée dans les années 80, auprès du salafisme saoudien. Ce qui est intéressant, dans ce rappel, c'est, d'une part, l'existence de ce livre, et d'autre part, le fait que l'affaire Garaudy a occupé l'actualité – mais qui s'en souvient ? À ce moment-là, en 1995, cette entreprise massive de rajeunissement de l'antisémitisme d'entendement vétuste, cette entreprise d'injection de sang qui fait que Nosferatu se lève de son cercueil et va dévorer toute une ville, on l'a combattue, elle a été écrasée ; et l'on peut dire, comme Spinoza le dit dans d'autres circonstances, dans un autre contexte, qu'il n'en reste plus rien, pas même le souvenir. Pourtant, quand j'entends les propos qui sont tenus dans certains meetings, dans certaines grandes écoles, sur certains campus, c'est le même discours, moyennant les différences dues au temps qui passe.

Bernard-Henri Lévy a rappelé – et je m'associe entièrement à ce rappel – les conditions de la fondation de l'Europe. Mais je voudrais procéder à un autre rappel, qui remonte en fait à l'affaire Dreyfus. On peut dire que c'est à ce moment-là qu'a commencé ce qu'on peut appeler une « guerre idéologique » dont le but était d'empêcher que la protestation sociale entre en coalescence avec l'antisémitisme. La partie n'était pas simple. À l'époque, en France notamment, il a fallu que Jaurès – il n'y en a pas eu beaucoup d'autres au sein du mouvement socialiste français – prenne des positions d'une clarté absolue pour que la protestation sociale ne s'associe pas à ceux qui criaient « mort aux Juifs » contre le capitaine Dreyfus. Bien entendu, il y en a eu d'autres que Jaurès, mais à l'extérieur du mouvement socialiste français. Cette bataille-là, ou cette guerre, plus exactement, cette guerre idéologique, parallèlement à la construction progressive – d'abord sa destruction, et ensuite sa construction progressive – de l'Europe, a commencé à la fin du XIXe siècle et elle a accompagné le développement, ou plus exactement les vicissitudes, de l'Europe. Je dirais qu'aujourd'hui, une phase de la guerre se clôt, et elle se clôt sur une défaite. Il y a encore deux ans, nous pouvions dire qu'il n'y aurait pas de coalescence entre la protestation sociale et l'antisémitisme ; mais je crois qu'aujourd'hui nous ne pouvons plus dire cela.

Aujourd'hui, je dirais que dans cette coalescence, un troisième terme est arrivé, qui est justement la judéophobie de passion, légitimée par le fait qu'une grande partie de la population pauvre est travaillée de l'intérieur de son âme par une judéophobie ancestrale. Nous n'avons pas, nous gouvernants, intellectuels, pris la mesure des conséquences que cela pouvait avoir et nous n'avons pas mené le combat qu'il fallait au moment où il le fallait. Nous avons argumenté contre l'antisémitisme d'entendement avec Sartre. Nous avons argumenté, plus exactement opposé à la judéophobie de passion les passions tragiques, la terreur et la pitié, avec Claude Lanzmann et *Shoah*. Mais aujourd'hui, les arguments ne suffisent plus face à la judéophobie ancestrale, et les passions tragiques fléchissent devant la passion sucée dès la première enfance, entretenue par des lectures, par des propos, par une sorte de naturalité d'une passion ancestrale qui, comme toute passion ancestrale, devient naturelle à ceux qui en sont nourris. C'est pourquoi je dirais que la première phase de la guerre, qui a commencé à la fin du XIXe siècle, se clôt sur une défaite. Désormais, il est à chaque instant possible que la protestation sociale tende vers la haine à l'encontre des Juifs.

Pour combattre cela, il nous faut de nouvelles armes, parce que c'est une nouvelle guerre. Tout doit être réexaminé : nos arguments, les exemples que nous prenons, les conséquences que nous opposons aux paralogismes, les images que nous opposons aux images – tout doit être recommencé. Et je dramatiserai la chose en disant que tout doit être recommencé à zéro, parce que nous sommes le jour d'après, parce qu'il nous faut changer de moyens pour combattre. Puisqu'il le faut, nous le pouvons.

Je hurle en tant que Juif, mais aussi en tant que citoyen

Comment a-t-on pu en arriver là de nouveau ? Qu'a-t-on oublié de dire ou de faire ? Et surtout, pourquoi ? « L'antisémitisme est une pathologie sociale, un mal qui ronge la République », disait notre ami Bernard Cazeneuve.

Qu'il est difficile de s'exprimer sur ce sujet, car il faudrait déjà définir ce que c'est qu'être juif, ce qui est aussi impossible que de comprendre les raisons de l'antisémitisme ! Quand on m'a demandé de m'exprimer, je ne savais que dire, j'avais même un peu peur de ne pas poser les bons mots. Alors j'ai replongé dans la lecture d'un de mes auteurs préférés : Romain Gary. Dans *L'Angoisse du roi Salomon*, le personnage de Chuck décrit ainsi les Juifs : « Ils discutent souvent avec Dieu et se querellent même avec lui à haute voix, en cherchant à faire des affaires avec lui. Moi, je te donne ça ; toi, tu me donnes ça ; je donne aux autres sans compter et tu me prodigues la bonne santé, la longévité. » Puis il décrit plus particulièrement Rubinstein, le tailleur, qui se plaint de n'avoir perdu personne parmi les six millions de déportés, ce qui l'empêche de pouvoir exprimer correctement sa peine ; il regarde le ciel et il gueule que la loi est injuste – c'est très biblique. Chez Romain Gary, les chrétiens, dans leur rapport avec Dieu, ne vont jamais jusqu'à l'engueulade ; les Juifs, si, ils lui font même des scènes de ménage. C'est tellement vrai ! Quel Juif n'a pas vu une de ses grands-mères lever les yeux au ciel et lui demander des comptes ?

Ce soir, j'ai envie de faire ma scène de ménage à Dieu et je lui hurle : « Pourquoi ?! » Mais il ne me répond pas. Quand on est juif, peu importe si nous croyons en Dieu, si nous lisons la Torah ou si nous vivons selon ses préceptes, un jour ou l'autre nous sommes confrontés à une haine que nous ne savons pas expliquer. En naissant, nous devenons l'incarnation d'une question restée sans réponse, d'un pourquoi qui a retenti pendant trois millénaires, de l'Égypte à l'Allemagne, de ghetto en pogrom, de l'Inquisition à la Shoah. Ce soir, je hurle en tant que Juif, certes, parce que je ne suis jamais aussi juif que lorsqu'on me le rappelle, mais je hurle aussi et surtout en tant que citoyen, un citoyen français inquiet pour les valeurs républicaines et pour cet humanisme qui a fait le progrès des civilisations. On a vu heureusement quelques personnes se lever, certaines sont là ce soir, mais beaucoup sont restées assises, et d'autres, effrayantes, en ont profité pour faire leur triste commerce. Plutôt que de hurler, peut-être faudrait-il en rire, de ce rire de la résilience, de la résistance, de la croyance dans la capacité des êtres à sortir de la nuit ?

Dans *Pseudo*, à travers Paul Pavlowitch, Romain Gary évoque sa judaïté névrosée. En pleine dépression nerveuse, Pavlowitch appelle son psy et lui dit : « Je connais maintenant la raison de tous mes efforts pour fuir mon identité, la cause de mes angoisses, de ma culpabilité et de mon refus de l'hérédité : je suis juif, docteur. D'où haine de soi-même et racisme à son propre égard. »

Gary aura décidément tout dit, mais est-ce bien l'heure de rire ? Certainement, car nous traversons des temps sombres, des temps qui peuvent de nouveau faire basculer l'histoire. Il est dit que les Juifs ne naissent jamais au même endroit que leurs grands-parents. C'est mon cas, ce sera sûrement celui de mes petits-enfants. Alors, que fait-on avec cette triste certitude ? Nos valises ? Pour aller où ? Ou bien, on espère, on se réunit comme ce soir, on réfléchit. Que veulent dire ces cycles ? Pourquoi sommes-nous depuis toujours les premières victimes quand l'obscurité risque de s'abattre sur l'humanité tout entière ? L'exercice est difficile, mais il faut le mener, ne pas tomber dans l'excès, demeurer obsédé par la paix, ce don que les hommes parfois s'offrent à eux-mêmes et qu'il nous faut chercher, de même que nous devons chercher la vérité à l'heure où tant de mensonges nous assaillent et aveuglent beaucoup de gens sincères. Que l'exercice de penser, de faire le choix de la nuance, de préférer la réconciliation au clanisme, est difficile en ce moment ! Et pourtant, en humanistes, on se doit de tenir cette ligne, de sauver la raison, de nous unir pour retrouver la lumière, celle de Gary, celle de Camus, celle de Barbara – car oui, un enfant qui meurt, qu'il soit de n'importe où, c'est un enfant qui meurt, et il est abominable d'avoir à choisir entre deux innocences. Nous devons préserver l'essentiel : rester lucides, rester libres, rester forts. Mais le plus important, c'est de demeurer audibles.

Alors je reprends ma question de départ : pourquoi ? Est-ce que quelqu'un peut répondre à cette question ? Je ne vois pas une réponse valable.

Cette nuit de nouveau tombée sur nous a de quoi nous effrayer. Ai-je peur pour autant ? Non, je n'ai même pas peur. Je pleure. Je pleure l'histoire qui se répète, je pleure les silences assourdissants, je pleure la mémoire du roi du Danemark conviant tout son peuple à arborer avec lui l'étoile jaune en réponse à la barbarie nazie. Mais cela, c'était avant, quand on ne savait pas.

Alors, au-delà des mots, que fait-on, chacun à son échelle ? À mon humble niveau, je propose tous les soirs, pendant mes concerts, un petit film qui date de 2004. À l'époque, j'avais réuni à l'Opéra de Versailles un pianiste palestinien et un pianiste israélien pour jouer à quatre mains un morceau de Mozart, et tous les soirs huit mille personnes applaudissent ce moment de concorde. J'espère qu'ils pourront vite rejouer ensemble.

JULIA **KRISTEVA**

L'émergence d'une variante de l'antisémitisme

Mesdames et Messieurs, à l'heure où l'antisémitisme se propage jusqu'à notre Assemblée nationale, je remercie de tout cœur Bernard-Henri Lévy de nous inviter pour que nous exprimions avec lucidité et passion la colère qui se lève en nous et pour rejeter cet antisémitisme qui de nouveau étrangle la France.

Je vais essayer de vous convaincre qu'il existe aujourd'hui une culture européenne survivant à l'Europe nazie de la Shoah. Parce qu'elle en a fait l'analyse mieux que d'autres et qu'elle continue de le faire, cette Europe se doit de reprendre et de développer ce que je considère comme l'inspiration biblique de nos valeurs pour soutenir l'imprescriptibilité de l'État d'Israël qui est lui-même une garantie symbolique de la cohérence européenne et de notre autorité, aujourd'hui menacées par le Sud global. Europe et Israël : nos destins sont liés, l'avenir d'Israël est un enjeu historique pour l'Europe.

Cette conviction demande explication : quelle Europe et quel antisémitisme ? Le souverainisme populiste et le libéralisme se disputent désormais le pouvoir en Europe, mais leur bruyante agitation ne s'intéresse pas à la culture, à ce noyau dur à jamais insubmersible qui, écrivait Philippe Sollers, pense le passé, porte vers l'admiration et le contraire de l'ignorance, le contraire de l'arrogance dont se nourrit l'antisémitisme. Et il insistait – je le cite encore : « L'avenir, c'est le passé dans la singularité, celle d'Israël, celle de l'Europe. Le fanatisme dérive de l'ignorance. » Dès lors, pour lui, « un écrivain est toujours juif et le fait qui définit le Juif, c'est lire la Bible ». Je me permets de vous renvoyer à son texte de 2004 sur l'antisémitisme, qui explique comment la véritable traduction des passions en sens et en engagement politique, social et spirituel, passe par l'écriture, comment elle passe par le peuple juif, auquel il s'identifie, quand il écrit au fond de son âme.

Peut-être moins amère dans mes considérations sur la France moisie mais néanmoins pessimiste énergique, je constate pour ma part que « qui suis-je ? » est une question dont la meilleure réponse européenne n'est pas l'incertitude mais l'amour du point d'interrogation. D'où vient-il ? Il est d'inspiration biblique, « *Ehyeh asher ehyeh* » de l'Exode, que je préfère traduire par : « Je serai qui je serai ? » L'identité, toujours en mouvement, est une question.

Le 7 octobre 2023, le Hamas, qui veut faire disparaître Israël, a commis un pogrom sans précédent. Ramené à la taille de la population d'Israël, il représente quinze 11 Septembre ou seize Bataclan. Historiquement, plusieurs antisémitismes ont mené à l'apogée de ce pogrom. C'est dans l'islam intégriste que se développent aujourd'hui et l'extrême antisémitisme de la gauche et celui de la communauté musulmane : la judéophobie dont on a parlé, politique et antisioniste, qui oublie de différencier le sionisme messianique et le sionisme social. L'emprise de l'hyperconnexion et des réseaux sociaux a fait émerger une autre variante de l'antisémitisme, que j'appelle sa banalisation explosive.

Mais pourquoi le Juif est-il le bouc émissaire de prédilection ? Qu'en dit la psychanalyse aujourd'hui, au sein du temps long dans lequel elle nous place ? Le site de la Freudian International Psychoanalytical Association (IPA) publie des recherches qui décortiquent l'antisémitisme actuel, parmi lesquelles celles du célèbre psychanalyste israélien Shmuel Erlich. Je risque une réponse à la question « pourquoi le Juif ? » avec mes collègues de ce site. Une fiction théorique de Freud, *Moïse et le monothéisme*, qui date de 1939, soit le moment de l'apogée du nazisme, laisse entendre que les racines de l'antisémitisme plongent dans la vie de l'esprit – la « *Geistlichkeit* », comme dit Freud – construite par le peuple juif. Celle-ci consiste dans le passage, dans la transition du paganisme et de l'animisme concret à la foi immatérielle, à la capacité de penser. Qu'ils le veuillent ou non, les Juifs sont des survivants, témoins de cette étape capitale de l'histoire humaine où la raison émerge et l'emporte sur les satisfactions individuelles, sur les envies, les colères et la haine. Le Juif survivant est témoin de cette place centrale de la vie de l'esprit dans l'humanité, il en est le témoin pour le reste de l'humanité. Le monde ne peut pas rejeter ce symbolique, cette signifiance, cette vie de l'esprit, car sans eux il ne peut pas être vraiment humain ; mais le monde veut bien haïr, mépriser et exprimer son ambivalence en persécutant et en exterminant ceux qui représentent la vie de l'esprit. Les secousses de cette transition continuent aujourd'hui encore de gronder sous la sphère politique, sous la surface politique, y compris sous la forme d'une haine contre les Juifs. Ainsi l'antisémitisme est-il intrinsèquement entrelacé avec l'histoire de l'humanité. Actuellement, la facilité que procurent l'hyperconnexion et les réseaux sociaux, le culte de l'image, le cosmopolitisme, le complotisme, l'identification narcissique via les groupes, etc., toute cette montée des passions contre la raison qui emportent souvent la capacité de penser au singulier fait que l'antisémitisme s'enflamme partout dans le monde ; il devient universel. Et cette montée camouflée, justifiée et intégrée dans le camp de l'extrême droite comme dans celui de l'extrême gauche, est banalisée par le spectre binaire de la technique et de ses réseaux.

Mesdames et Messieurs, entendez-vous cette banalisation explosive de l'antisémitisme ?

Quand la guerre s'arrêtera, comment organiser la création de deux États ? Ne vous hâtez pas de reconnaître l'État palestinien. Il faudrait commencer par le refonder, en sollicitant et en mobilisant les courants et les forces des deux parties ainsi que de leurs voisins, pour offrir une véritable compréhension, en s'insurgeant contre l'antisémitisme qui fait des ravages dans le monde entier, à commencer par l'Europe et le Moyen-Orient. Sommes-nous prêts à assurer ce rôle historique qui pourrait donner des idées neuves à l'Europe et en Europe, et pour que l'Europe se mobilise afin de devenir le pôle historique pour cette refondation de l'État palestinien sans lequel il ne pourra pas y avoir d'armistice ni de paix ? Pour cela, il faut se réveiller. Alors, à nous de provoquer ce réveil.

Un virus mutant

Depuis le 7 octobre, j'ai passé la plus grande partie des mois qui ont suivi en Israël et à Gaza.

Je me suis rendu sur les lieux du massacre alors que les traces qu'il a laissées étaient encore fraîches. J'ai passé de longs moments avec les survivants et les familles. J'ai aussi passé plusieurs jours avec les familles des otages enlevés par le Hamas le 7 octobre. J'ai passé du temps avec des militants ou des hommes et des femmes politiques de tous les bords et je suis entré dans Gaza avec les forces armées israéliennes qui recherchaient les otages ainsi que les dirigeants du Hamas.

Une des choses qui m'a le plus frappé après le 7 octobre s'est produite lors d'une rencontre avec les jeunes qui avaient survécu au massacre du festival de musique Nova. C'étaient des jeunes gens qui avaient vu leurs amis se faire violer et se faire assassiner. Un des survivants m'a montré ce qu'il avait pu filmer avec son téléphone ; on y voyait entre autres un jeune homme sur le point de se faire lyncher par une foule de civils gazaouis. Et ce jeune survivant m'a demandé : « Que feriez-vous si cela se produisait dans votre pays ? » Et je me suis dit : « Mais cela s'est déjà produit dans la société dans laquelle je vis, dans mon Europe, dans mon Occident. » C'était peut-être à une différente échelle. Mais les terroristes étaient les mêmes.

Cela s'est produit ici, à Paris, au Bataclan. Cela s'est produit à Manchester quand vingt-deux jeunes ont été victimes d'un attentat-suicide à la bombe avec pour seul crime d'avoir voulu assister à un concert de musique pop. Cela s'est produit à Orlando, au nightclub Pulse. C'était à une échelle différente. Mais ceux qui ont commis ces attentats étaient les mêmes. Les mêmes que ceux qui à Toulouse ou à la Porte de Vincennes, à Copenhague ou à Mumbai, ne peuvent s'empêcher de s'en prendre aux Juifs.

Malgré cela, ici, en Europe, la sympathie de beaucoup ne s'est pas manifestée envers les victimes mais envers les perpétrateurs de ces crimes. Trop de gens se trompent et prennent la victime pour l'oppresseur, le perdant pour le gagnant et ceux qui luttent contre le terrorisme pour ceux qui en rêvent et l'inculquent à leurs enfants depuis le berceau.

Réfléchissez à ceci. Dans chacune des capitales européennes, on a affiché des photographies des otages israéliens encore prisonniers du Hamas.

Et dans chacune de ces villes en dehors d'Israël, ces portraits ont été arrachés. Pensez donc un peu à ce qui suit.

À Paris ou à Londres, lorsque quelqu'un perd son chien, cette personne met des affiches demandant qu'on l'aide à retrouver son animal. Si une seule personne s'avisait de déchirer ces affiches, nous nous demanderions de quel mal souffre la société dans laquelle nous vivons. À quel point en serions-nous arrivés pour qu'il y ait parmi nous quelqu'un d'assez atteint pour déchirer des affiches avec la photo d'un animal qui a disparu ? Nous chercherions à retrouver un tel individu. Mais lorsque les disparus sont des enfants juifs, ou des femmes juives, ou des hommes juifs, ces affiches sont arrachées. Un membre de la famille des enfants Bibas, qui sont retenus en captivité, m'a dit qu'il avait lui-même vu des gens arracher des affiches représentant un de ses parents âgé de 1 an. Et cela dans le centre-ville de Dublin.

Autre chose. Cela fait des années que nous entendons les féministes protester contre les violences faites aux femmes par les hommes. « Croyez ce que vous disent toutes les femmes. » Mais où était passée la solidarité – où étaient passées la compassion ou même la foi dans ce qu'on leur disait – quand les femmes en question étaient juives ? Cette foi s'évapore. Et je ne parlerai même pas ici de la psychopathologie ou de la vocation suicidaire des « Queers pour la Palestine ».C'est le Hamas qui a commencé cette guerre. Mais cela, la plus grande partie du monde l'a oublié. La propagande du Hamas les a trompés et conduits à imaginer qu'Israël est l'agresseur. Pour avoir vu cette guerre de près, je peux vous affirmer avec cent pour cent de certitude que cette guerre prendrait fin dès demain, et pas seulement si le Hamas se contentait de rendre les otages juifs, mais si les Palestiniens de Gaza élevaient leurs enfants dans l'amour et non dans la haine, s'ils leur apprenaient non pas à aspirer à la mort mais à rejoindre Israël dans son amour de la vie et à mettre leur énergie non au service de la destruction mais à la construction d'un État.

Chaque époque a sa propre forme d'antisémitisme. C'est un virus qui change de forme. À certains moments de l'histoire les gens détestaient les Juifs à cause de leur religion. Puis ils se sont mis à détester les Juifs pour leur race. De nos jours, alors que ces raisons ne sont plus trop acceptables, on déteste les Juifs parce qu'ils ont leur propre État – et qu'ils le défendent. C'est l'éternel défi auquel les Juifs doivent faire face. C'est ce que Gregor von Rezzori nous a notamment montré. Il leur appartient d'être détestés parce qu'ils sont pauvres et parce qu'ils sont riches, parce qu'ils se sont bien intégrés et parce qu'ils ne s'intègrent pas, parce qu'ils n'ont pas de pays à eux (« des cosmopolites sans pays ») et aussi parce qu'ils en ont un. Mais ce n'est pas un défi uniquement réservé aux Juifs ; c'est un défi pour nous tous. Comme l'a écrit Vassili Grossman au cœur de son ouvrage *Vie et Destin* :

« L'antisémitisme est toujours un moyen plutôt qu'une fin en soi ; il indique la mesure des contradictions qu'il reste à résoudre. Il reflète les échecs des individus, des structures sociales et des systèmes étatiques. Dites-moi de quoi vous accusez les Juifs – je vous dirai de quoi vous êtes coupable. »
Dans l'Europe d'aujourd'hui, cette vieille haine peut venir de la gauche comme de la droite. Mais quelle que soit la direction dont elle vient, nous devons y prêter attention et nous dresser contre elle. Et nous devrions nous y engager.

Car chacun sait que l'antisémitisme est, entre autres choses, un premier signal d'avertissement. Quand une société humaine se laisse aller à ce fantasme aussi sinistre que paranoïaque, d'autres haines suivent.

Nous avons nous-mêmes en Europe une dette particulière envers l'histoire et le souvenir. Et aussi une dette spécifique envers les Juifs. Pas seulement à cause de ce dont ils ont souffert sur notre continent mais en raison de la richesse de la culture, des connaissances et de la foi que les Juifs ont apportées à notre civilisation. À son niveau théologique et philosophique le plus essentiel, notre civilisation ne pourrait survivre sans eux.

Mais je voudrais terminer avec une bonne nouvelle. Tandis qu'une grande partie de l'Europe et de l'Occident – de la gauche à la droite du monde politique, et des plus religieux jusqu'aux athées irréductibles – se laisse aller à cette vieille haine, Israël nous indique une autre voie.

Ce pays nous montre comment des Arabes, des Juifs, des Druzes, des musulmans, des chrétiens et d'autres encore parviennent à vivre et à se battre côte à côte. Au cours de ces derniers mois, j'ai rencontré parmi tant d'autres en Israël d'héroïques médecins musulmans et d'héroïques combattants druzes. Comme me l'a dit un jeune combattant druze plein de courage : « Le Hamas nous hait encore bien plus qu'il ne hait les Juifs. »

Israël sait qu'il ne se bat pas pour sa seule survie mais pour notre survie à tous.

Quand Israël est attaqué, il se défend. Quand on s'en prend aux Israéliens de la façon la plus barbare qui soit, ils n'hésitent pas en se demandant que faire. Ils se battent.

En effet, que ce soit dans l'Espagne du XVe siècle, dans l'Europe du XXe siècle ou dans les pays arabes de presque toutes les époques, la situation des Juifs a toujours été plus périlleuse lorsque les Juifs occupaient des postes éminents et qu'ils étaient faibles. Dans la mesure où le peuple juif ne semble pas capable – Dieu merci – d'accepter l'absence d'éminence, cela ne lui laisse qu'une seule option. Être fort et éminent. Israël ne devrait pas être seul à adopter ce modèle, nous devrions le suivre nous aussi. Éminents et forts, unis et résolus.

Traduit de l'anglais par **Lazare Bitoun**

Cette force d'espérance

Chers amis, c'est vraiment quelque chose d'exceptionnel de partager ce moment avec vous. D'abord, cela fait beaucoup de bien, parce que vous lancez collectivement un message assez extraordinaire, qui vient nous dire que nous ne sommes pas seuls.

Je suis très heureux d'être dans le sillage de Bernard-Henri Lévy, qui n'est pas encore Moïse, même s'il a parfois des accents prophétiques, mais qui a su, en nous rassemblant aujourd'hui, comme il l'a su dans son livre sur la *Solitude d'Israël* ainsi que dans ses autres livres, faire ce que Moïse fait dans l'Exode quand il dit au peuple qui arrive devant la mer Rouge et qu'il y a six cents chars égyptiens qui arrivent derrière, donc dans une situation intenable, insupportable, dont on connaît par avance la fin – il a su, comme Moïse, nous dire : « N'ayez pas peur. »

Et je pense qu'il faut l'en remercier, parce que ne pas avoir peur, ce n'est pas ne pas voir la situation, ce n'est pas dire « tout va bien » – ce serait idiot de dire « tout va bien » –, mais c'est être capable de faire une juste analyse des choses, des menaces, des tensions et des risques. Mais Hölderlin a dit : « Là où croît le péril croît aussi ce qui sauve. » Trouver ici cette présence de chacun et chacune est quelque chose qui sauve et qui ouvre un possible, à l'heure où l'on se sent victime de l'antisémitisme, victime de l'incompréhension du monde – ou de la très bonne compréhension du monde qui sait très bien comment faire mal à la fois au judaïsme, à Israël et, en fait, à la République. Votre présence à vous tous et toutes ici ce soir rend capable de retrouver des raisons d'espérer.

L'antisémitisme frappe les personnes, les lieux, les symboles, et il nous touche. Il touche les lieux, il touche les personnes, il touche nos cœurs, nos âmes, notre espérance. Mais je vais partager avec vous une incroyable raison d'espérer.

Shabbat dernier, j'étais à Rouen. La synagogue y a subi un incendie criminel. J'étais furieux d'entendre certains journalistes parler d'« une tentative d'incendie ». J'étais dans cette synagogue : c'était un incendie, un incendie criminel. J'ai voulu prendre cette communauté dans mes bras, aller les voir – et je vais vous raconter quelque chose d'extraordinaire. La synagogue était inutilisable. Alors l'évêque de la ville, monseigneur Lebrun, nous a prêté une salle de son archevêché ; et il nous a prêté une deuxième salle pour que nous y prenions les repas de Shabbat. Il aurait pu se contenter de cela, « Dayénou, cela nous aurait suffi », comme on dit le soir de Pessah. Mais pas du tout. Il a accueilli les gens à l'entrée de son archevêché, il a ensuite fait la prière du vendredi soir avec nous, il a ensuite pris le dîner du vendredi soir avec nous, avec le préfet, avec le procureur, avec la police, avec les pompiers, avec toutes celles et tous ceux qui ont agi pour essayer de sauver ce qu'il y avait à sauver dans la synagogue. Et le lendemain, il a continué. Le matin, il a de nouveau assisté à l'office, et il a envoyé son vicaire pour le déjeuner. Il a travaillé tout l'après-midi et le soir il est revenu faire l'office avec nous.

Lorsque nous sommes remontés ensemble de l'office pour aller dîner – parce que le Shabbat on mange à peu près quinze fois… –, il m'a dit : « Viens avec moi. » Nous avons continué à monter, il m'a fait passer par un petit vasistas qui menait aux toits, à travers une espèce de grenier – avec des toiles d'araignées, des pigeons qui roucoulaient, un vrai grenier comme on peut l'imaginer –, et là, il a soulevé une trappe et m'a dit : « Cette salle de 40 mètres carrés absolument obscure et invisible de l'extérieur, dont c'est ici le seul point d'entrée, a servi à cacher des Juifs pendant la guerre. » Et je me suis dit : voilà, finalement, l'histoire de nos solidarités. La grande différence avec le passé, c'est qu'avant, peu de gens nous aidaient, une indifférence quasi absolue régnait. L'inverse de l'amour n'est pas la haine, c'est l'indifférence. Aujourd'hui, il n'y a plus cette indifférence, vous en êtes la preuve ; vous êtes avec le peuple d'Israël, vous êtes avec les Juifs, avec l'État d'Israël, et vous êtes capable de dire : « Nous sommes avec vous. » Je crois que c'est cette force d'espérance qui nous permet de lutter.

Nous avons dans notre rituel juif un moment assez terrible qui est le 9 du mois d'Av, où l'on commémore la destruction des deux Temples. Mais un peu avant, un jeûne rappelle la première brèche dans le mur du Temple. Quel est l'intérêt de marquer le souvenir de la première brèche si déjà l'on se souvient de la destruction du Temple ? C'est parce que les premières brèches, si l'on ne sait pas les voir, amènent toujours à la destruction des Temples. C'est la règle dans tous les domaines. C'est la règle en amour, dans les couples. Relisez *La Séparation* de Dan Franck. À la fin du premier chapitre, c'est bouleversant. Il va chercher sa femme, il l'emmène au cinéma, elle ne s'accroche plus à lui quand il la conduit en moto et elle ne veut pas lui prendre la main. Assis à côté d'elle au cinéma, il essaie de lui prendre la main, mais elle ne veut pas, elle la retire, et Dan Franck écrit ces mots incroyables : « Je venais de perdre la bataille des mains. » Si l'on ne fait pas attention à cette bataille, à ces mains tendues, à ces petites failles, ces petites brèches dans ce qu'est la République, ce qu'est la fraternité, alors cela mène irrémédiablement à la destruction du Temple.

Je crois que nous sommes, chacun et chacune d'entre nous, ces brèches potentielles. Si l'on cède à la peur, à la désespérance, à cette sorte de mélancolie dans laquelle le monde est plongé et qui nous fait parfois ressentir qu'il n'y a plus d'espérance, qu'il n'y a plus de façon de s'en sortir, alors à la fois on donne la victoire aux méchants, au mal, et l'on devient soi-même une brèche. Moi, je refuse que nous soyons des brèches, parce que cette solidarité que vous manifestez, nous devons en être à la hauteur. Et pour cela, il faut résister, c'est-à-dire ne pas céder à quoi que ce soit.

Je l'ai vécu à Rouen, je l'ai vécu à Toulon la semaine dernière, j'en suis témoin dans mes tournées partout en France, il y a une formidable force dans les communautés juives françaises, qui continuent à organiser des fêtes, à faire des offices, c'est-à-dire qui continuent à vivre, à être ce qu'elles doivent être et à apporter ce qu'elles doivent apporter à la société. Je vois Manuel Valls parmi nous, et je ne peux pas m'empêcher de citer ce qu'il a dit comme une sorte de profond appel à espérer, devant l'Hypercacher, le samedi soir 10 janvier 2015 : « La France sans les Juifs ne serait plus la France. » Je le traduis en allant plus loin : la France sans les catholiques ne serait plus la France. La France sans les musulmans ne serait plus la France. La France sans les protestants ne serait plus la France, la France sans les bouddhistes, sans les athées, ne serait plus la France. Et c'est cela, la République, c'est une façon de dire : « Chacun et chacune est indispensable. »

Alors je vous remercie toutes et tous d'être là, et je remercie Bernard-Henri Lévy, car vous êtes ce qu'on appelle un maître, c'est-à-dire un « rabbi », quelqu'un qui montre l'espérance et qui montre le chemin.

La règle est simple, c'est notre *Règle du jeu*, si vous voulez : à la fin, ce sont toujours les gentils qui gagnent. Et si les gentils ne gagnent pas, c'est que ce n'est pas encore la fin. Alors, comme l'aurait dit Apollinaire – vous savez que j'aime beaucoup Guillaume Apollinaire : « Jamais les crépuscules ne vaincront les aurores. Étonnons-nous des soirs mais vivons les matins. »

Voilà ce que je nous souhaite : vivons les matins du monde.

EMILIE **MOATTI**

Le péril de l'ignorance

Au bout du compte, une seule question demeure : Israël est-il un État comme les autres, ou bien est-il né de parents différents des autres dans cette famille que forment les autres nations et éveille-t-il ainsi à la fois l'admiration et le rejet ? Si je devais choisir (aussi bien en tant que citoyenne que femme politique), j'adorerais être un membre normal de cette famille, sans les bravos et sans les quolibets.

Il est clair que l'antisémitisme existe. C'est un fait. Il a toujours existé et continuera probablement à exister jusqu'à la fin des temps. Et maintenant, nous avons aussi un antisémitisme à l'ancienne paré d'oripeaux intellectuels. Mais ce n'est pas le vrai antisémitisme, ce n'est qu'un artifice intellectuel.

Comme toutes les formes de racisme, l'antisémitisme résulte de l'ignorance, et il n'y a qu'un seul moyen de lutter contre l'ignorance – l'enseignement et la dénonciation. Malheureusement, le passage d'« Internet Explorer » aux réseaux sociaux a fait tout le contraire. L'enseignement a été remplacé par l'Opinion publique et cela a abouti à l'apparition d'une étroite chambre d'écho qui enferme chaque individu dans le fanatisme. C'est très triste, mais il est possible de changer les choses. Cela dépend de la volonté des dirigeants de ce monde, et c'est là qu'en tant que citoyens vous entrez en jeu. J'espère que nous sommes d'accord pour dire que l'antisémitisme n'est pas un point de vue, c'est un délit, un crime. Et puisque nous sommes en France, c'est une remise en cause directe de toutes les valeurs qui sont à l'origine de ce beau pays. Je tiens absolument à dire que j'appartiens à ceux qui pensent que les choses peuvent changer. Je pense qu'il peut y avoir une fin au conflit israélo-palestinien si nous parvenons à avoir des leaders qui parlent d'espoir et non de peur. Et cela des deux côtés. Et si nous devons parler de l'autre côté, le camp politique auquel j'appartiens n'a jamais considéré le Hamas comme un partenaire. Cela, les Israéliens le savent, mais il est ici nécessaire de le dire très clairement. Le pire que nous pourrions faire est de léguer ce conflit à la génération suivante. Je crois qu'être pro-israélien signifie que l'on est pour une solution à deux États, même s'il vous est difficile d'imaginer la chose à ce moment de l'histoire.

Encore deux questions avant de conclure.

L'une concerne une chose qui m'a toujours paru normale, mais j'ai récemment compris combien elle ne l'était vraiment pas. En tant que Juifs, nous connaissons bien cette routine qui nous pousse à faire disparaître tous les signes de notre judéité afin d'éviter les conséquences désagréables qui pourraient en découler. Cela m'était devenu tellement naturel que jusque-là je n'y pensais même pas : quand vous êtes dans un pays étranger, vous ne parlez pas hébreu dans la rue, et vous ne portez pas d'étoile de David autour du cou. Mais avez-vous déjà vu un Italien ou un Grec dissimuler son identité? Alors pourquoi cela nous semble-t-il naturel, et pourquoi acceptons-nous le fait qu'être juif est dangereux?

Je dois vous avouer qu'il y a en moi quelque chose de changé depuis la catastrophe d'octobre. Si je me sentais auparavant plus proche des socialistes partout dans le monde, et en particulier des femmes qui appartiennent à mon camp politique, j'ai découvert des communautés juives partout dans le monde et en particulier ici, en France. Et j'ai trouvé dans ce pays une famille, et plus on l'analyse, plus on voit à quel point cette famille est universelle, et à quel point elle est forte, bienveillante et tolérante. C'est la famille que j'ai toujours recherchée, alors je vous en remercie, vous êtes une lumière qui brille au cœur de cette tragédie qui s'est abattue sur nous, et en ce qui me concerne, je ne l'oublierai jamais.

Traduit de l'anglais par **Lazare Bitoun**

DELPHINE **HORVILLEUR**

Un vent de *menschitude*

Oïe oïe oïe ! Je crois que je n'ai jamais autant prononcé ce « oïe oïe oïe » que depuis quelques mois.

Vous savez qu'en yiddish, en principe, le « oïe oïe oïe » cherche à exprimer une plainte ou une inquiétude, mais en réalité, tous les spécialistes le savent, cela sert exactement à faire le contraire : en trois syllabes, cela suggère qu'il est peut-être possible de prendre un peu de distance avec ce qui nous arrive, ou du moins d'essayer. C'est en tout cas ce que les Juifs ont toujours fait dans les moments les plus noirs de leur histoire – cela et aussi, évidemment, raconter des blagues, des histoires drôles, beaucoup plus drôles que des plaisanteries sur des « nazis sans prépuce ». C'est comme si la fonction de l'humour juif était la mise à distance du désespoir par l'autodérision et un pied de nez hyperpuissant à tous les haineux qui nous entourent. Alors maintenant, bien sûr, c'est le moment où je suis obligée de vous raconter une blague !

Il y en a une que Denis Olivennes m'a racontée juste après le 7 octobre ; je crois que j'ai dû la répéter dix mille fois – pardon pour ceux qui l'ont déjà entendue et qui la connaissent –, mais à mon sens c'est la meilleure blague juive du moment. Elle dit : « Quelle est la différence entre un Juif pessimiste et un Juif optimiste ? Le Juif pessimiste dit : Cela ne pourrait pas être pire. Et le Juif optimiste dit : Mais si, cela pourrait être pire. » Et ce soir, avec vous, j'ai très envie d'être optimiste. Je sais que certains se disent qu'on joue avec les mots. Mais précisément, je pense qu'aujourd'hui, il est urgent, urgentissime de reprendre la main sur les mots et sur le langage. Je crois que plus que jamais, il faut pouvoir penser leur pouvoir, au moment où certains leur font dire n'importe quoi, les manipulent, les contorsionnent, se cachent derrière des mensonges ; au moment où certains vous affirment que, promis juré, ils ne sont pas du tout antisémites mais juste antisionistes, sans pouvoir dire exactement ce qu'ils entendent par là à part, abracadabra, l'évaporation de sept millions de Juifs au Proche-Orient ; au moment où d'autres, pas du tout antisémites, je le conçois très bien, manipulent sans l'entendre eux-mêmes des clichés antisémites éculés, une rhétorique ancestrale archiconnue, et se mettent à parler une langue un peu à leur insu ; au moment où tant de gens laissent libre cours à cette haine sur les campus des universités, boycottent des manifestations culturelles et sont persuadés – je les cite – d'être «du bon côté de l'Histoire». Au moment où se développe un étrange antisémitisme vertueux de personnes qui sont convaincues dur comme fer d'être du côté du bien, du juste, du pur, peut-être convient-il plus que jamais de parler du langage de cette haine et de la mémoire qu'on doit toujours en avoir. La haine du Juif dans l'Histoire, elle a toujours – en tout cas, très souvent – touché des gens qui se croyaient bien sous tous rapports, qui pensaient avoir la bonne croyance, la bonne théologie, la bonne idéologie, et qui étaient convaincus que le Juif empêchait leur famille, leur pays ou le monde entier d'être en paix et de tourner rond. Paradoxalement, c'est très souvent au nom de l'amour du prochain, de la paix dans le monde ou d'un souci d'unité qu'on a détesté le Juif ; c'est une des forces de cette haine ancestrale, capable de muter à chaque époque. On pourrait presque le résumer en une minute à peine, faire une espèce de petit cours d'antisémitisme accéléré, accessible à n'importe quel étudiant – même à Science Po ! «On a reproché aux Juifs tout et son contraire. On les a accusés d'être trop riches et trop pauvres, d'être un danger pour le système ou d'être le système, d'être capitalistes et bolchéviques, d'apporter des maladies ou de contrôler les lobbies pharmaceutiques, d'être trop discrets, trop "bling bling", de se mêler aux autres, de refuser de se mêler aux autres, de ne pas se défendre ou au contraire de trop se défendre, d'être apatrides ou au contraire d'aspirer à un pays» – et l'on pourrait poursuivre très longtemps cette liste absurde. Dans les sociétés patriarcales, le Juif a souvent été jugé trop féminin : il aime l'argent et il est hystérique comme les femmes. Mais c'est magique : il suffit que la société se soucie enfin des droits des femmes pour que certains se mettent à juger le Juif un peu trop viril, un peu trop mâle alpha, et pour que certaines féministes peinent à défendre les femmes israéliennes violées parce qu'elles seraient un peu trop masculines.

Ne cherchez pas. En fait, c'est simple : selon les temps et les contextes, le Juif sera toujours celui qu'on accuse de ce dont on veut se débarrasser. Il est celui qu'on attaque pour tenter de recréer un semblant d'unité. Je l'ai écrit dans mon dernier livre, et je suis prête à faire ce pari avec vous : demain, face à la crise environnementale, vous verrez qu'on accusera les Juifs de trop polluer et de mal recycler ; et si des espèces animales viennent à disparaître, les zèbres, par exemple, eh bien, j'en suis convaincue, on dira que c'est la faute des « ZHébreux ».

Alors bien sûr, on peut en rire, mais c'est terrifiant. Cependant, le diagnostiquer, ce n'est pas céder au désespoir, mais je crois que c'est commencer à se donner des outils pour le repérer, même dans la bouche de ceux qui parfois le diffusent sans s'en apercevoir, puisque, encore une fois, tout passe par les mots et le langage. Moi, depuis le 7 octobre, je n'arrête pas de me demander s'il ne faudrait pas changer de langue, trouver des mots pour faire entendre ce que beaucoup de gens refusent d'entendre – parce que, vous l'aurez remarqué, à chaque fois que l'on fait remarquer à quelqu'un que sa parole porte de l'antisémitisme, très vite il vous accuse d'agiter ce foulard comme un paravent, de chercher à couvrir le crime. C'est comme s'il fallait inventer d'autres mots, peut-être des néologismes, pour que son oreille entende ce que sa bouche est en train de dire. Comment fait-on donc cela ? Certains, dans l'Histoire, s'y sont essayés : Gary – on en a parlé –, Zweig, Perec – beaucoup d'autres. Et comme beaucoup d'autres gens, moi aussi, aujourd'hui, je cherche. L'autre jour, avec quelques amis, je ne trouvais plus de mots pour parler de ce qui nous arrive, et j'en ai finalement inventé un, un mot qui n'existe pas du tout, dans aucun dictionnaire : je leur ai dit que c'était le moment de rechercher, partout autour de nous, la *menschitude*, c'est-à-dire de se mettre en quête de ce que, dans la tradition juive, on appelle les *mensch* : des hommes et des femmes dignes qui se lèvent toujours à un moment donné pour sauver l'humanité.

C'est avec ce mot qui n'existe pas que je voudrais conclure, parce que je suis optimiste. Je me dis que peut-être, grâce à Bernard-Henri Lévy, grâce à *La Règle du jeu*, grâce à vous, pourrait souffler sur nous un vent de *menschitude*, et pourraient encore se lever des hommes et des femmes qui refusent ces haines qui nous défigurent. Et je veux croire que nous saurons encore nous tenir ensemble, non pas seulement pour sauver les Juifs, mais pour sauver notre humanité commune que l'antisémitisme toujours tente d'assassiner.

YONATHAN **ARFI**

Pour la dignité de l'Europe

Qui s'en souvient ? En 1900, 90 % des Juifs du monde vivaient en Europe, de Paris à Varsovie, de Salonique à Vilnius.

L'hybridation entre l'esprit du judaïsme et le génie de l'Europe prenait le visage de Franz Kafka, de Martin Buber, de Stefan Zweig, de Sigmund Freud ou d'Albert Cohen. Le judaïsme façonnait alors l'Europe, comme l'Europe façonnait le judaïsme. Un peu plus d'un siècle plus tard, moins de 10 % des Juifs du monde vivent sur le continent européen. Voilà d'abord, et il faut le voir en face, le constat du tragique destin juif européen. Les persécutions et les pogroms, la Shoah, bien sûr, l'antisémitisme du bloc communiste, puis l'antisémitisme contemporain, qu'il soit antisioniste, islamiste ou complotiste, ont eu presque raison de deux mille ans de vie juive européenne. Comment l'Europe en est-elle arrivée là ?

D'abord en trahissant trop souvent dans l'histoire l'esprit européen, celui des Lumières et de la raison. L'Europe a beaucoup agi contre ses propres principes ; Paul Valéry le disait de manière prémonitoire : « L'Europe n'aura pas eu la politique de sa pensée. » La période que nous vivons, où l'antisémitisme défigure à nouveau la France comme le reste de l'Europe depuis le 7 octobre, prolonge la vérité de cette sentence. « De la place que la Shoah occupera dans la conscience historique européenne dépend largement ce que sera l'Europe future » : ces mots, ce sont ceux de Simone Veil dans son discours prononcé le 27 janvier 2004 à Berlin au Bundestag. L'Europe d'après-guerre s'est d'abord construite sur une conscience post-Shoah. Cette conscience aurait dû faire de l'Europe un sanctuaire contre l'antisémitisme. Pourtant, jamais depuis la Shoah l'antisémitisme n'a balayé aussi puissamment les sociétés d'Europe qu'aujourd'hui. Jamais, depuis quatre-vingts ans, les Juifs d'Europe n'ont eu aussi peu confiance dans leur avenir. L'une des raisons profondes de cette dégradation, c'est le glissement qui s'est opéré progressivement d'une conscience post-Shoah à une conscience postcoloniale. Avec ce glissement ont surgi de nouvelles confusions morales et intellectuelles. Soudain, au nom de cette conscience postcoloniale dévoyée, le relativisme a pris le pas sur l'universalisme, y compris dans la France républicaine. Soudain, Israël et le sionisme, c'est-à-dire le projet d'émancipation du peuple juif sur sa terre historique, sont attaqués au nom de l'anti-impérialisme. Soudain, la mémoire de la Shoah est perçue comme un totem à abattre, qui empêcherait les mémoires de la colonisation et de l'esclavage d'éclore, comme si les mémoires étaient en concurrence. Les discours décoloniaux et indigénistes font désormais des Juifs la figure du félon, celle de la minorité qui aurait trahi la cause des minorités pour se ranger avec l'establishment ou le système. De la rue aux universités, des meetings politiques aux réseaux sociaux, l'accusation de génocide est scandée, hurlée contre Israël, avec la vertu d'accuser les Juifs tout en soulageant les consciences européennes d'une partie du poids de la culpabilité de la Shoah. Complices des oppresseurs en Europe, complices des génocidaires au Proche-Orient : voici la nouvelle essentialisation des Juifs européens, qui les désigne directement à la vindicte populaire. Comment s'étonner alors de tant et tant de passages à l'acte antisémites depuis le 7 octobre ?

Simone Veil, toujours dans ce discours au Bundestag, nous alertait il y a vingt ans : « Quand on retourne la mémoire de la Shoah contre les Juifs en osant des comparaisons indécentes entre camps d'extermination et camps de réfugiés, quand on banalise le génocide juif par toutes sortes d'amalgames ou qu'on exploite les clichés de la propagande antisémite au service du combat antisioniste, l'Europe a le devoir d'arrêter ces dévoiements, non seulement par respect pour les survivants des communautés décimées, mais aussi par souci de sa propre dignité. » Oui, ce qui est en jeu aujourd'hui, c'est précisément la dignité de l'Europe. Pour la dignité de l'Europe, il faut un message clair de rejet de l'antisémitisme qui prospère dans le sillage du 7 octobre. Pour sa dignité, l'Europe ne doit pas mettre Israël au ban des nations et en faire un État paria.

Pour l'honneur de l'Europe et de la République, il faut que partout en Europe les voix de la raison se lèvent et s'opposent au populisme qui progresse, à commencer par chez nous, en France, au Rassemblement national comme à LFI, LFI qui, avec sa stratégie clientéliste et sa complicité avec les islamistes, a sacrifié les Juifs pour quelques voix. Les Juifs connaissent le prix de la démagogie et les dangers des effets de meute. Jamais, dans l'histoire, le populisme n'a été une réponse à l'antisémitisme.

Il y a une communauté de destin entre l'idéal européen et la condition des Juifs. Il ne saurait y avoir une Europe heureuse si ses Juifs ne le sont pas. Alors, contre l'antisémitisme, il faut sauver l'Europe.

FRANÇOIS **HEILBRONN**

« La tenaille identitaire » s'est refermée sur nous

Dimanche 7 juillet, 20 heures, la chambre brune horizon s'affiche sur nos écrans, les premières extrapolations donnent 300 à 330 députés au Rassemblement national, la majorité absolue requise de 289 députés est alors largement dépassée.

Face à eux la NUPES 2, masquant sa compromission sous le nom usurpé de Front populaire, devient le premier bloc d'opposition avec près de 200 sièges où les députés de La France insoumise sont majoritaires et donc le premier groupe parlementaire d'opposition.

Le 7 juillet au soir, le brun et le rouge couvrent les trois quarts du Palais-Bourbon, l'arc républicain est brisé, les bleus, jaunes et roses s'estompent. Les rares rescapés se comptent. Quelques Renaissance survivent malgré tout au sabordage de leur chef, quelques MoDem et Horizon sont plus nombreux. Les Républicains dignes ayant refusé au nom du gaullisme de pactiser avec un parti créé par des miliciens, deux Waffen-SS français et des anciens de l'OAS surnagent à peine. Les divers gauche et socialistes ayant refusé de rejoindre une coalition où l'inclinaison islamique, l'antisémitisme et la violence politique ne gênent plus personne ne sont plus qu'une poignée, dont le courageux socialiste Jérôme Guedj.

Par le mécanisme du scrutin majoritaire et du nombre important de triangulaires, les trois quarts des députés appartiennent aux mouvements populistes du RN ou de son faire-valoir « Insoumis ». Plus des trois quarts des députés de la France portent haut et fort le populisme d'extrême droite ou d'extrême gauche. La tenaille identitaire, celle qui a permis la promotion conjuguée du populisme d'extrême droite et l'alliance de la gauche avec l'islam radical, s'est refermée sur la France.

Comment en sommes-nous arrivés là ? Comment les 60 % de Français qui préfèrent la raison, le soutien à l'Europe, à l'OTAN, à l'Ukraine, à Israël, aux démocraties, à l'économie de marché régulée et non confiscatoire, à une politique modérée de réformes consensuelles, à un patriotisme serein n'auront-ils plus droit à la parole ? Comment ces Français ayant confiance dans la science, le progrès, la fraternité, ont-ils laissé ces deux mouvements ennemis de nos valeurs républicaines et de la modernité s'emparer ainsi du pouvoir ? S'emparer totalement du pouvoir pour agir durement et sûrement – pour le RN ; et s'agiter, fracturer par le bruit et la fureur en tant que premier groupe d'opposition à l'Assemblée – pour LFI.

La mécanique infernale a été enclenchée sur un coup de tête ou plutôt d'orgueil d'un président irréfléchi un dimanche 9 juin. Celui qui a souvent eu les bonnes intuitions et beaucoup de chance, n'a plus eu ni l'une, ni l'autre. Pourquoi provoquer des législatives pour une campagne si brève quand la dynamique positive était clairement pour l'extrême droite, ayant raflé aux européennes presque 40 % des voix toutes tendances confondues. L'engrenage de la tenaille identitaire déjà en mouvement s'accéléra alors et se refermera sur nous ce 7 juillet. « La droite identitaire » et « la gauche diversitaire » domineront alors l'Assemblée nationale.

D'un côté, le RN, un mouvement politique nationaliste populiste radical, né des idéologies conjuguées de l'État français de Vichy aux racines maurrassiennes et des factieux de l'OAS ; de l'autre, LFI, un mouvement marxiste-lambertiste où le culte du chef et une conception de la révolution permanente se déclinent dans le bruit, la fureur et la violence.

Ces deux mouvements se promeuvent, se soutiennent, se font la courte échelle. Ils sont les complices objectifs de la polarisation de la société. Mélenchon permet à Bardella de devenir Premier ministre et Bardella permet à Mélenchon d'être le chef indiscuté de son opposition.

La violence promue par LFI, son alliance objective avec les islamistes les plus radicaux, son adhésion aux théories anti-universalistes des Indigènes de la République, son antisémitisme décomplexé poussent les vieux bastions héritiers du gaullisme de la France rurale vers ce qui leur apparaît à tort comme un rempart de leur identité française menacée, le RN. Le danger du «fascisme aux portes du pouvoir» agité par LFI pousse des socialistes qui avaient retrouvé un semblant d'honneur avec la liste Glucksmann à reproduire une NUPES bis, celle d'une nouvelle capitulation, sans obtenir ni une majorité d'investitures, ni une interdiction de candidater aux si nombreux députés insoumis ayant multiplié les propos antisémites et/ou d'apologie du terrorisme.

Cet amphisbène, ce serpent aux deux têtes RN et LFI se complaît dans les mêmes fidélités et les mêmes obsessions : celles favorables à l'impérialisme russe et au criminel Poutine, cette complaisance si ce n'est le soutien au régime criminel syrien de Assad, cet antiaméricanisme et cette opposition à l'OTAN, cette haine de l'Europe, ces soutiens aux violences des «gilets jaunes», des antivax et à tous les complotismes. Cet attelage délétère a eu les mêmes positions et oppositions aux lois contre le terrorisme, contre le racisme et l'antisémitisme, contre les vaccinations de masse, contre les nécessaires réformes structurelles de notre économie, contre la modernité et l'ouverture au monde, contre le développement d'un tissu entrepreneurial et contre une démocratie consensuelle et apaisée.

Ce monstre à deux têtes est en train de gagner son pari : pour l'un, le RN, s'emparer du pouvoir absolu ; pour l'autre, LFI, conquérir une position dominante d'opposition afin de cueillir le pouvoir après l'échec de son alter ego, dans une France abaissée et fracturée.

Mais nous ne sommes pas encore le 7 juillet, chacune et chacun d'entre nous peut encore enrayer cet engrenage infernal. Tout se jouera ce dimanche 30 juin, tout se jouera au premier tour. Il faut mobiliser, voter et faire voter pour les candidats qui portent encore les idéaux d'universalisme, de patriotisme et de républicanisme, c'est-à-dire pour les candidates et candidats Les Républicains (non alliés au RN), Renaissance, Horizon, MoDem, divers droite et gauche, socialistes ayant refusé l'alliance avec les Insoumis.

Mais pour paraphraser un de Gaulle si seul, un certain 18 juin, s'exclamant sur les ondes libres de l'Angleterre : « Mais le dernier mot est-il dit ? L'espérance doit-elle disparaître ? La défaite est-elle définitive ? Non ! »

Une défaite ne devient définitive que subie et acceptée. L'espérance d'une Chambre où le brun et le rouge ne seront que des couleurs parmi d'autres dépend donc de chacune et chacun de vous et de votre vote ce dimanche 30 juin pour que la France écarte les deux branches mortelles de « la tenaille identitaire[1] ».

(1) À partir de 2016, Gilles Clavreul, préfet et délégué interministériel contre le racisme et l'antisémitisme, a développé ce concept qui trouve sa pleine pertinence aujourd'hui. « La tenaille identitaire, c'est le face-à-face qui menace de s'installer entre extrême droite et islam politique, accaparant et polarisant le débat public de telle sorte qu'un nombre croissant d'acteurs se décident à choisir l'un ou l'autre camp, donnant ainsi naissance à une gauche diversitaire, souvent appelée de façon polémique "islamo-gauchiste", ainsi qu'à une droite identitaire qui, sans forcément rechercher une alliance politique avec l'extrême droite, reprend à son compte certains de ses marqueurs idéologiques. » Source : le Printemps Républicain, novembre 2020.

MAURIZIO **MOLINARI**

L'histoire nous enseigne que l'antisémitisme est une menace pour la démocratie

Nous, citoyens d'Europe, nous sommes réunis ce soir à Paris alors que nos pays démocratiques sont victimes de la plus forte vague d'intolérance à l'égard du peuple juif depuis la fin de la Deuxième Guerre mondiale.

L'antisémitisme est dirigé contre les Juifs, mais l'histoire nous enseigne qu'il représente une menace pour tous les défenseurs de la liberté et la démocratie.

Il nous faut nous demander d'où vient cette haine et qui l'utilise contre nous tous.

Cette haine trouve son origine chez ceux qui ont commis le pogrom du 7 octobre et le justifient. Ils se servent aussi des pertes civiles subies à Gaza pour délégitimer l'État juif et annihiler tout espoir de paix et de coexistence au Moyen-Orient entre Israël et les États arabes.

Par ailleurs, cette haine se propage rapidement dans nos sociétés, y compris en Italie, parce que certains l'exploitent pour générer des troubles, de l'instabilité et des divisions dont le but est d'affaiblir de l'intérieur nos pays démocratiques. L'objectif de cette campagne hybride et très sophistiquée est de nous diviser et de nous mener à l'implosion.

Les enquêtes menées en France sur ceux qui ont peint des étoiles de David sur les lieux d'habitation de certains Juifs et des mains rouges sur le Mémorial de la Shoah à Paris indiquent clairement que certains acteurs russes participent à cette campagne de haine.

C'est pourquoi nous, citoyens européens, devons comprendre que la défense de Kiev et la lutte contre l'antisémitisme sont deux fronts d'une même guerre pour la défense et la protection de notre liberté.

Il ne faut pas s'y tromper, c'est la démocratie qui est attaquée.

Traduit de l'anglais par **Lazare Bitoun**

LIOR **ASHKENAZI**

L'après 7 octobre

Il y a peu de temps encore, lorsqu'on m'interrogeait sur mon identité, je répondais d'abord que j'étais israélien et précisais ensuite que j'étais juif.

En tant que personne qui a grandi et fait ses études en Israël dans les années 1970, le mot juif ou le concept de l'identité juive sont pour moi associés à une histoire lointaine. En Israël, nous utilisions davantage le mot Sabra plutôt que le mot juif. Être juif est un fait naturel, ce n'est pas quelque chose dont nous avons besoin de parler. Pour nous, il s'agit en fait d'une tradition et de l'histoire d'un peuple persécuté. Pour ma génération (deuxième et troisième génération de survivants de l'Holocauste), qui a connu dans sa jeunesse les victoires d'Israël et son armée invaincue, il s'agissait de comprendre comment notre peuple a pu être conduit à l'abattoir. À nos yeux, les récits sur l'antisémitisme en Europe ou en Amérique ont toujours été des faits isolés commis par une seule personne ou un petit nombre d'extrémistes. Car nous, les Israéliens, les Sabras, nous avons toujours pensé que cela ne pouvait pas nous arriver. En plus d'être des Israéliens dotés de l'une des armées et de l'une des forces aériennes les plus puissantes au monde, nous nous sommes toujours perçus comme faisant partie du grand monde, comme appartenant à l'Occident. Nous n'étions plus un peuple errant et persécuté, mais une nation dotée d'un État et d'une armée. La seule démocratie du Moyen-Orient.

L'antisémitisme était pour nous quelque chose de très éloigné ; il ne nous est jamais venu à l'esprit que nous pourrions être attaqués sur notre propre terre. Je me considère comme un libéral, une personne qui recherche la paix, qui s'oppose à l'occupation et plaide pour la solution à deux États, mais j'ai toujours été fier d'être israélien. Au cours des dix dernières années, un changement est survenu dans l'histoire de l'Europe. En tant qu'acteur et réalisateur dont les films sont montrés dans les festivals partout dans le monde, j'ai commencé à sentir qu'un changement était en train de se produire. À l'extérieur des salles où l'on projetait mes films et dans les divers festivals de films juifs partout en Europe, il y avait des manifestations, des gens qui protestaient contre le fait que l'on programme des films israéliens. C'était là une expérience déplaisante, parfois suivie du jet d'un œuf ou d'une tomate pourrie… Mais c'était aussi pour moi quelque chose de nouveau, quelque chose que je pouvais raconter en rentrant chez moi.

Et puis il y a eu le 7 octobre. Cette matinée terrifiante où 1400 personnes, des bébés, des enfants, des femmes, des hommes et même des vieillards ont été massacrés, brûlés, torturés et violés uniquement parce qu'ils étaient juifs.

Alors que nous étions encore sous le choc et complètement traumatisés, nous avons essayé de comprendre ce qui nous était arrivé en tant que nation. Et le monde, la famille de toutes les nations – à laquelle nous pensions appartenir –, n'a pas condamné ce massacre et l'a même parfois justifié ou alors – et je ne sais pas ce qui est pire –, elle a nié qu'il s'était jamais produit.

Avec l'escalade de la guerre à Gaza, et afin d'essayer de ramener les 125 israéliens encore otages du Hamas, les voix et les protestations s'élevant contre Israël se sont faites plus fortes et se sont mises à exprimer de la haine contre les Juifs.

C'est la première fois que je me sens rejeté parce que je suis israélien et juif.

C'est la première fois que je comprends ce qu'être juif signifie.

Depuis le 7 octobre, des amis et des membres de ma famille du monde entier m'ont raconté des histoires qui semblent dater du siècle dernier.

Des mezuzahs que l'on accroche désormais à l'intérieur des maisons. Des symboles juifs que l'on cache lorsqu'on sort dans la rue.

Je fais même attention à ne pas parler hébreu lorsque je suis à l'étranger.

Il y a peu de temps encore, je ne ressentais pas le besoin de me définir par mon appartenance nationale ; en fait, je ne ressentais pas du tout le besoin de me définir. Je suis un patriote, c'est inhérent à ma personne et cela m'est tout à fait naturel.

Mais au cours des huit derniers mois, ces valeurs sont devenues plus importantes que jamais à mes yeux.

Je suis juif et je suis un Israélien patriote.

Depuis le désastre, j'ai pris conscience de l'importance de l'existence de l'État d'Israël, ou de l'État juif, comme l'appelait le visionnaire Herzl.

Parce qu'en plus d'être un État démocratique et pluraliste qui ne fait pas de discrimination de race, de religion ou de sexe (et depuis un an et demi, nous nous battons, nous manifestons et nous faisons tout pour que l'État d'Israël reste un État démocratique, pluraliste, qui ne fasse pas de discrimination), l'État d'Israël est le seul foyer sûr pour la nation juive.

Cette même nation depuis toujours persécutée l'est encore aujourd'hui. Nous ne devons pas permettre au monde d'établir un lien entre nos problèmes internes (que nous résoudrons de manière démocratique) et la montée de l'antisémitisme ainsi que l'augmentation des persécutions contre les Juifs partout dans le monde. J'espère que le monde se réveillera bientôt pour mettre fin à cette alarmante violence avant qu'elle ne s'étende et n'envahisse l'Occident tout entier.

Traduit de l'anglais par **Lazare Bitoun**

Face à l'antisémitisme, ça suffit d'être intimidé

C'est toujours compliqué pour moi de prendre la parole comme ça devant tout le monde. Je ne suis pas un homme politique, je suis acteur. Me cacher derrière un personnage avec les mots d'un autre c'est bien plus facile pour moi. Ce soir j'ai le trac, j'ai peur, je suis intimidé.

Quand on m'a demandé de m'adresser à vous ce soir j'ai évidemment dit non. J'ai refusé. Mais ce monsieur, Bernard-Henri Lévy, que j'admire, m'a piégé en me disant que c'était trop tard – alors que nous avions encore le temps –, que j'étais déjà annoncé et que je ne pouvais plus refuser. Merci, merci vraiment, sans ironie, de m'avoir signifié, de m'avoir dit d'une certaine manière que cela suffisait d'être intimidé, de se défiler, d'avoir peur de parler. De dire.

En même temps, quoi dire sur l'antisémitisme qu'on n'a pas encore dit, qu'on n'a pas déjà entendu, surtout à des gens qui n'ont pas envie d'entendre ? Et quoi vous dire, à vous, ce soir, qui êtes déjà convaincus ?

Les actes antisémites augmentent, flambent même, et tous les jours j'entends qu'il ne faut pas importer ce conflit. Le conflit ? Quel conflit ? De quel conflit parle-t-on ? D'un conflit territorial ? C'est une blague. Le problème ici ou là-bas est le même : l'antisémitisme. La haine des Juifs. Si on admet que nous sommes, nous en diaspora, victimes d'antisémitisme, alors pourquoi Israël, qui est le centre névralgique du peuple juif, ne le serait pas ? On veut détruire Israël. On lui reproche de coloniser tel ou tel territoire, c'est un prétexte, on veut le détruire toujours pour cette même raison : la haine des Juifs. « *From the river to the sea* », tout est dit.

D'ailleurs aucun accord n'est le bon, ce n'est jamais suffisant. Et pourtant il y en a eu, des tentatives et des propositions. La solution aujourd'hui serait de revenir aux frontières d'avant 1967 ? À l'époque les Arabes de la région n'en voulaient pas, il semblerait que ça leur irait aujourd'hui ? Avant 1967 Gaza était égyptienne, et Jérusalem sous la coupe jordanienne. Aucun Palestinien d'ailleurs ne réclamait Jérusalem comme capitale mais à partir du moment où la ville sainte était revenue dans les mains des Juifs, alors tout d'un coup Jérusalem devait être la capitale palestinienne. Avant 1967 Gaza était égyptienne, la

Cisjordanie, jordanienne... Alors quand, à quel moment et où la Palestine a-t-elle réellement existé ?

Il y avait des Juifs bien avant 1948 en Palestine, des Palestiniens juifs, des syndicats juifs, une monnaie juive, et le drapeau officiel de la Palestine avant 1948 était flanqué de l'étoile de David. Trop souvent les gens pensent et me disent : « On a donné cette terre aux Juifs après la Shoah au détriment d'un autre peuple. » Non !

J'en ai marre d'entendre « la création de l'État d'Israël », qui sous-entend une création de toutes pièces. Il s'agit de l'indépendance de l'État d'Israël. C'est d'ailleurs ça, le sionisme. Et il n'exclut en rien l'indépendance d'un État palestinien !

Alors quand bien même il n'y a jamais eu d'État palestinien, il existe aujourd'hui de fait un peuple palestinien, qui s'est construit depuis 1948 en réaction à l'indépendance d'Israël, et avec qui il faut trouver un accord. Avec qui il est urgent de faire la paix.

Toute la difficulté est de trouver un interlocuteur, qui ne danse pas après des pogroms... Il y a sûrement des Palestiniens cachés qui ne dansent pas quand on viole des femmes juives. Il y a sûrement des leaders palestiniens cachés qui veulent trouver un accord sans jurer de recommencer, contrairement au Hamas, ou sans défendre des thèses révisionnistes, contrairement au leader du Fatah. Alors qui ? Avec qui discuter sincèrement de paix ? Il faut les trouver, cela devient vital de les trouver et d'arrêter de se cacher parfois derrière le fait qu'ils n'existeraient pas.

Nous sommes censés ce soir parler d'antisémitisme, mais c'est difficile de parler d'antisémitisme sans parler d'Israël. Puisqu'on justifie son antisémitisme par sa haine d'Israël.

J'ai beau essayer de comprendre pourquoi, de réfléchir en me projetant de l'autre côté... En dehors des morts civils palestiniens, je ne comprends pas, tout est de mauvaise foi, aucun argument ne tient.

Et quand j'entends que certains considèrent que le Hamas est un mouvement de résistance... Je me souviens que les terroristes qui ont massacré *Charlie Hebdo*, l'Hypercacher, le Bataclan, etc., se prétendaient résistants, résistants contre l'Occident. Je n'aimerais pas être gouverné par des gens capables de pactiser avec cette idéologie. Je n'aimerais pas être gouverné par des gens qui abandonneraient nos otages si par hasard ces résistants venaient à prendre des otages ici chez nous en France.

Imaginons deux secondes si ces terroristes de *Charlie*, du Bataclan, de Nice, de Toulouse, se constituaient une armée, s'ils vivaient à une de nos frontières et s'ils juraient de recommencer. Voilà la situation d'Israël – mais qui va chercher les otages, non seulement les otages israéliens mais français, américains, allemands, thaïlandais… ? Israël fait seul le sale boulot. J'ai entendu le monde faire pression sur Israël dès le 8 octobre. On a mis en garde Israël tout de suite, mais qui a fait pression sur le Hamas pour rendre les otages ? Qui *aujourd'hui* fait pression, avec autant de force qu'il menace Israël, sur le Hamas pour rendre les otages ?

Je me trouve ce soir, sur cette scène du Théâtre Antoine, encore plus triste que je ne l'étais le samedi 7 octobre à 16 heures quand le rideau s'est levé ici même et qu'il fallait entrer en scène. Je jouais une comédie, avec ma partenaire Noémie Lvovsky. Nous avons joué tous les soirs dans ce Théâtre quand les manifestations place de la République finissaient boulevard de Strasbourg ou rue du Faubourg Saint-Denis, où se trouvent les fenêtres des loges. Nous entendions déjà des « mort à Israël ». J'étais loin de penser que nous en serions là aujourd'hui. Alors qu'Israël était victime de pogroms, les Juifs du monde entier devenaient les coupables. En quelques mois la situation des Juifs est devenue ce qu'elle est aujourd'hui. Je n'ose imaginer ce qu'elle sera dans quelques mois si la France, l'Europe et le monde continuent de demander des comptes à Israël en laissant le Hamas tranquille et avec un sentiment total d'impunité.

L'antisémitisme d'avant-hier, d'hier, et d'aujourd'hui

Je voudrais élucider un paradoxe : alors que tout le monde affirme ne pas être antisémite, on assiste à une montée de l'antisémitisme.

Il existe pourtant un excellent marqueur de l'antisémitisme. Il suffit de poser la question : que nous racontent ceux qui disent qu'ils n'ont aucun problème avec les Juifs mais seulement avec l'État d'Israël ? Si l'on se calme et que l'on recule de trois pas pour contempler le tableau, c'est énorme. Israël est la seule démocratie du Moyen-Orient, une démocratie assiégée par des pays hostiles traversés par de puissants courants antisémites d'origine religieuse et culturelle. Et pourtant, dans les universités américaines et européennes, de nombreux professeurs ont convaincu d'innombrables étudiants qu'il était juste et raisonnable de considérer qu'il ne fallait avoir aucun problème avec les Juifs mais seulement avec l'État d'Israël, un peu comme en France, nos partis politiques héritiers du progressisme marxiste du XIXe siècle, comme La France insoumise et autres variantes communistes, trotskistes, écologistes, professent qu'ils n'ont aucun problème avec les Juifs mais seulement avec l'État d'Israël – cela leur permet de rallier électoralement la part des Français issus de l'immigration musulmane qui détestent l'État d'Israël, tout en prétendant qu'ils n'ont pas de problème avec les Juifs.

Ceux qui n'ont pas de problème avec les Juifs mais détestent Israël portent quand même quelques responsabilités puisque leur détestation d'Israël a pour conséquence que les Américains juifs, les Européens juifs, les Français juifs, eux, ont quelques problèmes avec ceux qui prétendent n'avoir pas de problème avec les Juifs : ils font l'objet de menaces, ils sont victimes d'assassinats, d'agressions, d'insultes, ils sont contraints de déménager pour des questions de sécurité et de mettre leurs enfants dans des écoles privées pour éviter qu'ils aient des problèmes avec ceux qui n'ont pas de problème avec les Juifs mais seulement avec l'État d'Israël.

Ceux qui n'ont pas de problème avec les Juifs mais seulement avec l'État d'Israël ne peuvent pas ignorer cela, à moins de ne jamais lire les journaux et d'être ignorants de l'actualité, auquel cas on se demande pourquoi ils ont un problème avec l'État d'Israël – cela signifierait que le problème qu'ils ont avec Israël ne relève pas de l'actualité mais de l'existence même d'Israël, c'est-à-dire d'une démocratie qui serait un modèle pour le Moyen-Orient si toutefois elle n'était pas peuplée par des Juifs avec lesquels, par ailleurs, on n'a pas de problème.

De fait, quand on regarde l'environnement politique d'Israël, on se pose des questions. L'Égypte, les Émirats, le Qatar, l'Iran, l'Arabie saoudite, le Yémen, la Syrie : que des États, des peuples et des régimes avec lesquels nos politiques, nos moralistes, nos professeurs d'université européens et américains n'ont aucun problème. Là, tout va bien. Le problème, c'est la démocratie israélienne – et pas du tout parce qu'elle est peuplée par des Juifs puisque, rappelons-le encore une fois, avec les Juifs ils n'ont pas de problème.

C'est le moment de poser la question : quand va-t-on ouvrir les yeux sur la réalité et cesser de se foutre de la gueule du monde à longueur de tribunes débiles dans des journaux sérieux, alors que l'évidence est là, massive, obscène, dissimulée derrière un misérable paradoxe qui ne se donne même pas la peine d'être crédible ? À l'antisémitisme religieux d'avant-hier, à l'antisémitisme idéologique d'hier, a succédé l'antisémitisme géopolitique d'aujourd'hui. Je n'ai pas de problème avec les Juifs mais seulement avec l'État d'Israël : c'est la formule du nouvel antisémitisme qui tue, qui menace, qui persécute, qui viole et qui, à notre plus grande honte, se répand dans nos démocraties modernes.

JUSTINE **LÉVY**

Être juif après le 7 octobre

Je ne suis pas une intellectuelle, je ne suis pas une spécialiste de la question juive (je ne suis même peut-être pas vraiment tout à fait précisément juive), je ne peux que vous parler de sentiments et d'émotions et de choses vécues.

Le fait d'être juif, dans notre famille, ça fait bien sûr partie de notre identité, mais pas au quotidien, pas à chaque moment de la vie. D'ailleurs quand nous étions enfants avec mon frère, mon père et ses parents, on ne faisait pas Shabbat, on ne fêtait pas Pessah, et moi je n'ai jamais jeûné pour Yom Kippour. Je pensais que c'était pour ceux qui ont des choses à se faire pardonner, et moi j'avais la conscience relativement tranquille. Donc on fêtait Noël, pour les cadeaux, les amis et la dinde.

Et puis beaucoup plus tard, pour la Brit Mila de mon fils, il y a un peu plus de quatorze ans, il fallait un certain nombre de témoins juifs, et nous étions bien embarrassés, mon mari et moi, nous avons téléphoné à nos amis, « allô Jean-Michel, est-ce que tu es juif ? », « allô Olivier, dis-moi, j'ai une question un peu bizarre à te poser, mais est-ce que tu es juif ? », et nous avons laborieusement réuni le nombre de Juifs qu'il fallait. Et puis plus rien, retour à la vie laïque et non communautaire.

Logiquement, mes enfants n'avaient jamais rencontré d'antisémites, ils savaient à peine, eux aussi, qu'ils étaient juifs – enfin ils le savaient mais le fait de se reconnaître comme juifs n'était pas une priorité.
Et quant à moi, je suis de la génération black-blanc-beur, et le *must*, à l'époque, à l'école, c'était le pin's jaune « touche pas à mon pote », et pas la petite main rouge qu'arborent parfois des comédiens qui doivent trouver ça *trendy*.

Et puis voilà le 7 octobre. Et tout de suite, avant même le déclenchement de la riposte, avant que tout devienne encore plus tragique, parce que c'est vrai que c'est tragique, tout de suite, nous avons trouvé autour de nous et de nos enfants parfois certes un soutien, mais du bout du bout des lèvres. Très vite, au bout de quelques heures, a commencé à circuler cette idée que les Juifs, décidément, en faisaient trop, toujours à se plaindre, toujours à faire les victimes, toujours à se croire le centre du monde, les gens en avaient déjà marre, et puis est-ce qu'ils l'ont pas un peu cherché, ces Israéliens qui ne trouvent rien de mieux à faire que de danser à quelques mètres de « la prison à ciel ouvert ». Faut quand même pas oublier, disaient nos connaissances, des relations, qu'il y a quand même « un oppresseur d'un côté et un oppressé de l'autre, alors bon ».

Mon fils est rentré un soir à la maison tout penaud, et il m'a demandé, avec beaucoup de réticence, ce que c'est exactement qu'une « tête de sioniste », parce qu'un camarade lui a balancé ça à l'interclasse.
Donc le 7 octobre, notre monde a changé. En fait, j'ai l'impression que c'est un peu comme ces familles qui ont un terrain favorable à, mettons, l'addiction, ou la dépression, ou la schizophrénie et où il suffit parfois d'un élément déclencheur pour que la maladie se développe. Là, le 7 octobre a permis la résurgence chez les Français, beaucoup, beaucoup de Français, même des enfants, des adolescents, d'un antisémitisme d'abord un peu timide puis de plus en plus décomplexé. Et, sur les réseaux sociaux, on s'est mis trouver des « oust ! les raclures de sionistes », des « qu'on les mette dans des trains, du balai », etc., enfin tout ça vous le savez.

Oui, le climat est très tendu à la maison, comme chez vous sans doute, parce qu'avant on se disait, un peu en plaisantant, un peu sérieusement, que de toute façon si tout allait vraiment mal on partirait en Amérique, et puis on a assez vite compris qu'on n'avait plus nulle part où aller, et que nulle part, au fond, on ne voulait de nous. Ma fille m'a demandé assez candidement il y a quelques jours : « Pourquoi on dit de nous, les Juifs, que nous sommes partout ? », alors qu'apparemment on est surtout tous chassés de partout, des universités, des manifs, et finalement on est si peu nombreux, on est si peu soutenus, il y a tellement d'antisémites et si peu de Juifs. Bien sûr, il y a aussi Israël comme horizon possible, comme base, comme *safe zone*, mais on prend tous en plein visage cette réalité qu'Israël, que j'aime infiniment, est un tout petit pays dont tout le monde, finalement, souhaite la disparition.

Bien sûr que l'État français, pour l'instant, nous protège et protège nos familles. Mais nos repères ont changé. Nos certitudes aussi. C'est déstabilisant. Vertigineux. On me disait parfois en plaisantant que j'étais une mère juive, au sens « mange, mon fils, mange ». Mais maintenant, être une mère juive, ça n'a plus du tout ce même sens gentil que j'aimais bien. Je ne m'affole plus quand les enfants ont mauvaise mine. Maintenant, c'est : « ne te fais pas remarquer, ne parle pas du conflit avec les gens, même avec tes amis, ne te mêle pas s'il te plaît de ces conversations-là ». Je suis allée, une fois, coller des affiches pour les otages, le soir un peu tard, avec un collectif de mon arrondissement. J'étais si naïve, je n'avais pas compris pourquoi il fallait se cacher, porter des vêtements noirs, faire vite, laisser tourner le moteur et quelqu'un au volant prêt à démarrer. Et puis, au moment de placarder la photo qui tord le cœur du petit Kfir Bibas, qui avait 9 mois à l'époque, nous avons été insultés par des jeunes femmes à vélo, des voisines, peut-être d'anciennes collègues de bureau, des possibles camarades de natation, sûrement des ex-camarades de classe vieillissantes…

Avant le 7 octobre, on se sentait donc beaucoup d'autres choses que juifs. Maintenant, on n'est presque plus que ça. Je ne veux pas dire qu'on est réduits à être juifs, parce que ce n'est pas une réduction, c'est plutôt une promotion, mais enfin on est davantage définis aujourd'hui par sioniste et juif qu'autre chose et pour le moment et, jusqu'à nouvel ordre, tout le reste est mis à l'écart. Car à quoi penser d'autre ? De quoi d'autre on peut parler ?

Quand mon père a commencé à écrire son livre sur la solitude d'Israël, je le trouvais beaucoup trop pessimiste. Je n'imaginais pas que tellement de gens, dans notre entourage, allaient passer de l'autre côté : celui où l'on pense que ce qui s'est passé le 7 octobre est atroce, mais qu'il existe quelque chose de plus atroce encore : le colonialisme ; et que s'il faut en passer par le viol, la décapitation et le kidnapping pour venir à bout de cette atrocité-là, eh bien c'est comme ça. La fin, en quelque sorte, justifie les moyens.

Il nous reste évidemment quelques amis non juifs, les meilleurs, les plus anciens, les plus courageux, mais je vois de plus en plus chez les jeunes, et chez les moins jeunes qui voudraient passer pour des jeunes, sur les réseaux sociaux ou ailleurs, que c'est tendance d'être du côté des Palestiniens et tant pis si ça veut dire être du côté du Hamas.

Je mesure la chance que nous avions à l'époque où le combat contre l'antisémitisme n'était pas une priorité, ou alors pas plus que contre toute forme de racisme. Je n'ai jamais été communautariste. Là, maintenant qu'on est embourbés dans la colère et la peur, tout a changé. Il est devenu fondamental d'être ici ce soir. Fondamental de participer à des manifestations. Fondamental d'aller en Israël, à la fin de l'année dernière, à l'initiative de David Frèche, et d'Elnet France.

Un pogrom géopolitique

Je n'ai rien préparé sur ce sujet. Malheureusement, je suis comme vous fatigué d'avoir à réfléchir sur ce sujet, à penser à ce sujet, à penser ce sujet, à penser à partir de ce sujet.

Bref, je suis épuisé. Je me dis quand même que si l'on inventait une sorte de figure chimérique, un mélange d'Elon Musk et de Gershom Scholem, qui déciderait finalement, pour laisser l'humanité tranquille, d'envoyer l'État d'Israël sur une planète – pas une grosse planète, juste un petit satellite de Jupiter dont personne ne voudrait –, eh bien, la recherche en aérospatiale ferait d'énormes progrès, parce qu'on irait détruire les Juifs qui habitent sur cette planète. Je me demande si les progrès que fait l'humanité ne sont pas toujours des laboratoires d'expériences pour, tôt ou tard, détruire des gens qu'en fait on hait pour ce qu'on leur a fait dans le passé. Maintenant, on les hait pour ce qu'ils sont censés nous faire. Je pense qu'on ne se débarrassera jamais de l'antisémitisme, jamais, car pour moi l'antisémitisme est consubstantiel à l'humanité.

L'antisémitisme, c'est une sorte d'égout de l'humanité. Je m'explique : mes amis le savent, j'ai toujours distingué de manière farouche le racisme de l'antisémitisme – c'est très personnel et beaucoup de gens ne sont pas d'accord avec moi –, pour une raison très simple : le racisme, c'est la haine de la différence, la haine de l'autre : « Je déteste l'autre parce qu'il diffère. » Donc le rêve du raciste, en fait, c'est qu'il n'y ait plus de Noirs, plus d'Arabes sur Terre. Mais le cauchemar de l'antisémite, c'est l'idée qu'il n'y ait plus aucun Juif sur terre. Ce que l'antisémite déteste, ce n'est pas la dissemblance, ce n'est pas celui qui diffère de lui, mais c'est au contraire celui qui lui ressemble. Nous avons tous rencontré, dans la vie, des gens qui avaient nos propres défauts ; et quand on rencontre quelqu'un qui a nos défauts, on le déteste. Eh bien, ce que l'antisémite déteste chez les Juifs, c'est lui-même. Et comment pouvez-vous débarrasser l'humanité et l'homme de la haine de soi ? C'est impossible. L'antisémitisme est donc consubstantiel à l'humanité, et vouloir s'en débarrasser, c'est comme vouloir se débarrasser du vent, de la boue, du tonnerre : c'est impossible. Et c'est cet impossible-là qu'il faut penser, car on ne pourra jamais se débarrasser des égouts de l'humanité. On ne pourra jamais se débarrasser de ce qui, dans l'humanité, est le pire dont elle soit capable.

J'ajouterai quelque chose d'ordre plutôt historique. Au mois de juillet, dans une petite chronique sur Europe 1, j'avais parlé d'un « pogrom géopolitique », et j'avais dit : « Cela nous pend au nez. » Pour une raison très simple : à chaque fois qu'il y a une évolution de l'antisémitisme, d'abord religieux, puis racial et maintenant géopolitique, il y a toujours le pogrom qui va avec. Le pogrom religieux, cela a eu lieu, le pogrom racialiste, cela a eu lieu pendant le Troisième Reich. Et voici à présent à la fois la destruction du troisième Temple et le premier pogrom géopolitique. Aujourd'hui, on considère que tout Israélien est juif, tout Juif est israélien, et donc que chaque personne, chaque individualité juive sur Terre est un éclat, un morceau, une excroissance de l'État d'Israël, et que par conséquent chaque Juif, où qu'il soit sur la surface du globe, est un éclat d'obus de ce pays qui s'appelle Israël. Il en est un fragment, il le représente, ce qui donne lieu à la dernière équation en date : État d'Israël = Israël, Israël = population d'Israël, population d'Israël = population juive, population juive = peuple juif, peuple juif = n'importe quel Juif sur Terre, n'importe quel Juif sur Terre = État d'Israël – et la boucle est bouclée.

Je terminerai en disant que, comme dans le rouleau d'Esther, la *Méguila* d'Esther, l'antisémitisme est aujourd'hui à son acmé, à son summum, comme à chaque fois que la cause et l'effet sont inversés, à chaque fois que le bourreau devient la victime et la victime le bourreau. En ce moment, nous y sommes en plein. On punit Israël d'avoir enfreint quelque chose dont le Nouveau Testament s'est fait un interdit, mais cet interdit ne figure ni dans le Talmud, ni dans la Torah, ni dans aucun texte de la pensée juive : c'est la notion de riposte. Quand un Juif est giflé, il ne tend pas l'autre joue. C'est le message de toute l'histoire d'Israël : jamais Israël n'a accepté de se laisser attaquer sans se défendre. Malheureusement, c'est le seul pays au monde pour lequel on considère que toute défense est égale à une attaque, et toute riposte égale à un crime.

Cette haine qui reste

Il existe des dates qu'on ne dépasse pas. Le 7 octobre, c'est-à-dire aujourd'hui – car, et tel est sans doute ce qui nous réunit ici ce soir, le soleil ne s'est pas encore couché de cette journée de sang –, le hasard a voulu que je sois à Beyrouth, et que je vive ces événements terribles depuis une perspective différente, décalée, peut-être hostile : celle du Liban.

Ce matin-là, en me réveillant, j'ai consulté les réseaux sociaux. Je suis tombé sur les images atroces, ineffables, qui continuent de nous hanter. À peine ai-je eu le temps de prendre conscience de l'horreur de ces scènes que j'ai entendu une clameur importante venant de la ville. Je suis sorti de mon hôtel et, en allant dans les rues, j'ai vu des centaines, peut-être des milliers de Libanais – des partisans du Hezbollah, mais aussi, et surtout, des civils : des femmes, des hommes, des jeunes, des personnes âgées – célébrer cette journée terrible. Il était peut-être midi, 13 heures, et ils célébraient la seule nouvelle que nous connaissions à ce moment-là, à savoir que des Israéliens, des Israéliennes, étaient massacrés, violées, dépecés, brûlés vifs.

J'ai vu cette foule haineuse faire la fête, distribuer des bonbons, klaxonner, chanter des slogans, et j'ai ressenti un choc terrible. Non seulement à l'idée que, pour ma part, je me sentais, comme tout le monde ici, frappé par mon identité de Juif, de Juif profondément amoureux d'Israël – de la terre d'Israël, de l'âme d'Israël, des paysages et du concept d'Israël –, mais aussi traumatisé à l'idée que le 7 octobre était, et serait, pour beaucoup d'êtres humains à travers le monde, une journée de liesse, un événement de jubilation.

Quand je suis rentré en France, hélas, mon intuition libanaise a été confirmée. Je crois que, dans ce théâtre, par-delà la différence de nos points de vue respectifs, nous pouvons tous nous rejoindre sur une intuition : l'année écoulée a sans doute été, je veux dire par là sans aucun doute possible l'année la plus terrible que les Juifs – les Juifs d'Israël, les Juifs de France, les Juifs d'Europe et les Juifs du monde entier – ont vécue depuis 1945. Tout le travail de conscience initié par l'Europe au sortir de la Seconde Guerre mondiale s'est, en partie, effondré au cours des mois que nous venons de vivre. Et nous nous retrouvons, en tant que Juifs, qu'Européens, qu'humanistes, dans cette nuit intérieure que Bernard-Henri Lévy a nommée « solitude ».

De cette solitude, je ne répéterai pas ce qui a été dit ce soir. Mais j'aimerais revenir sur un mot qui m'a interpellé, ces derniers jours, dans le débat public. Un mot de Jean-Luc Mélenchon. Lui qui s'indigne – à juste titre – de toutes les formes de racisme, de discrimination, de haine, a proféré cette phrase incroyable concernant la haine éternelle qui vise les Juifs : « L'antisémitisme en France est résiduel. »

Inutile de gloser sur la dimension négationniste de ce propos. Ce qui m'intéresse, dans ce propos, c'est son écho biblique. Car il m'a fait penser à ce personnage tellement énigmatique : Balaam, un homme programmé pour dire du mal d'Israël, mais qui finit par lui adresser, involontairement, des bénédictions. De même, Jean-Luc Mélenchon, dans ses paroles négationnistes, a fait un lapsus révélateur. Oui, l'antisémitisme est résiduel, au sens étymologique et littéral du terme, c'est-à-dire qu'il représente ce qu'il *reste* de l'Histoire. Dans ce vertige actuel, où les Israéliens ont réappris ce que signifie être juif – à titre personnel, c'est ce qui m'a le plus bouleversé lors de mes séjours en Israël cette année : voir des Israéliens qui se considéraient, pour certains peut-être pour la première fois, comme des Juifs –, dans ce vertige où les Juifs de diaspora ont sans cesse été ramenés à la condition d'Israéliens, la vérité est triste, mais elle est évidente : nous savons que l'antisémitisme est la ruine de l'Histoire, dans tous les sens du terme. La ruine de l'Histoire, au sens de ce qui détruit l'Histoire. Cette dialectique écrasante, terrible, qui, à chaque époque, dans chaque pays, dans chaque civilisation, trouve de nouveaux visages pour toujours exprimer la même pulsion de mort. Mais la ruine de l'Histoire aussi, en ce sens qu'elle est ce qui demeure toujours de l'héritage des siècles. Et nous savons aujourd'hui que l'antisémitisme ne disparaîtra pas. Que même un drame absolu, ineffable comme la Shoah, dont on a pu croire que sa mémoire était coextensive d'un serment moral (le « plus jamais ça »), n'a pas effacé, quatre-vingts ans plus tard, la possibilité d'un recommencement.

Face à cela, je cherche une lueur d'espoir. Outre le fait que nous soyons rassemblés ici, dans ce théâtre, il y en a peut-être une autre. Ce qui est visé aujourd'hui, spécifiquement, c'est le nom d'Israël. Voyez comme le nom de cet État les rend fous – ces haineux, ces imbéciles qui éructent leur haine toute la journée contre cet État. Israël, vous le savez très certainement, est un nom qui vient de la Bible, et pas de n'importe où. Il vient du moment où Dieu décide de changer le prénom de Jacob après ce passage magnifique, qui a inspiré Gide dans *Les Nourritures terrestres*, qui a inspiré Delacroix, et bien d'autres encore, où Jacob se bat avec un ange. Dans la Bible, il est écrit : « Tu t'appelleras Israël, car tu t'es battu avec Dieu », c'est-à-dire avec les idoles, « et avec les hommes », c'est-à-dire avec les foules historiques, « et tu as vaincu. »

Israël, en plus d'être l'appellation d'un État, est donc le nom d'une résistance anhistorique, métaphysique, contre la puissance des mirages. C'est le nom d'une fragilité d'où émane la possibilité même de la force. Et j'aimerais conclure sur ces mots d'espoir, même s'il s'agit d'un espoir pessimiste : l'idée que c'est la fragilité qui fait l'Histoire, l'autre Histoire, la silencieuse et l'inspirante Histoire, celle de la vraie grandeur, celle qui pense, qui doute, qui souffre, qui vit, qui aime, et qui, en définitive, s'écrit. En hébreu, ce pressentiment s'exprimerait ainsi : *Am Israël Hai.*

En une phrase

Je viens de finir un film[1] qui rassemble quatre des toutes dernières survivantes d'Auschwitz.

Je vais partager la phrase qui, pour moi, est la plus importante du film :

« J'étais quelqu'un de normal. En deux heures, peut être trois, pas plus, je suis devenue quelqu'un de complètement anormale. Plus aucun sentiment, plus aucune émotion. Une camarade meurt à côté de moi, je n'éprouve rien, pas une larme. J'étais devenue complètement déshumanisée. »

(1) *Les Filles de Birkenau*, 2024.

DANIEL **RAMIREZ**

L'une des pires erreurs de l'Espagne et sa réparation

C'est un grand paradoxe. Au moment où l'Espagne devenait l'une des nations les plus importantes du monde, elle commettait aussi son péché le plus sombre. En 1492, Isabelle et Ferdinand, les « rois catholiques », ont expulsé les Juifs de notre pays. L'âge d'or espagnol était sur le point de commencer avec Cervantes, Quevedo, Lope de Vega... Mais cette lumière, l'éclat de cet or, ont été prolongés par notre plus grande erreur collective : l'expulsion des Juifs.

Précisément, le pape de l'époque, Alexandre VI, a décerné aux rois Isabelle et Ferdinand le titre de « catholiques » pour cet acte épouvantable. Dès que la décision fut prise, l'Université de Paris s'est empressée de féliciter l'Espagne.

L'injustice a duré cinq cents ans. En 2015, le Parlement espagnol a réparé ce qui est probablement l'une des pires erreurs de notre histoire avec une loi votée par tous les partis. Il a approuvé à l'unanimité l'octroi de la nationalité espagnole aux descendants des Juifs expulsés au XVe siècle. La communauté juive dans le monde traverse une période difficile. Je tiens à saluer le consensus politique qui s'est dégagé au sein du Parlement espagnol ce jour-là. Nous nous sommes tous unis contre l'antisémitisme. Ne l'oublions pas.

Je vous quitte comme tous les Espagnols devraient le faire lors une soirée comme celle-ci : en me souvenant de Benjamin de Tudela, un Juif de la petite région de Navarre, au nord de l'Espagne, qui a écrit un merveilleux livre de voyage. C'était au XIIe siècle. Il a été publié en hébreu. Benjamin de Tudela, bien plus important et courageux que Marco Polo, a parcouru cent quatre-vingt-dix villes d'Europe et d'Orient pour raconter la vie des communautés juives. En le lisant, on apprend que les communautés juives étaient ouvertes, généreuses et inclusives.

Faire entendre l'histoire de l'autre

« C'est la guerre, mes amis ! Ne vous y trompez pas, c'est la guerre ! Soit vous succombez devant l'arrogance de ceux qui croient savoir, le "*hoï polloï*", et la sève qui est en vous s'évaporera, soit vous ne cédez rien à l'ignorance de la masse et vous triomphez. Seul parfois, trop souvent, mais vous triomphez. »

Voilà ce que je disais il y a encore quelques jours, sur cette même scène, par la bouche du professeur de littérature John Keating que j'interprétais dans *Le Cercle des poètes disparus*. Et j'ajoutais :« Dans ma classe vous apprendrez à aimer les mots, à savourer le langage, car en dépit de ce qu'on vous raconte, on peut changer le monde avec des mots et des idées. *Hoï polloï*, du grec : le plus grand nombre, la horde. Nous faisons tous partie de la horde mais il FAUT apprendre à s'en détacher. Walt Whitman le dit bien mieux que moi : "Pourquoi la vie ? Pourquoi moi ? Toutes ces questions me hantent. Qu'y a-t-il de bon dans tout cela ? Réponse : tu es ici, la vie existe et, que tu le veuilles ou non, le puissant spectacle du monde se poursuit… Mais sache que tu peux y ajouter TA rime !" Quelle sera votre rime ? »

Chaque soir, pendant plusieurs mois j'ai enseigné à mes élèves le goût de la liberté, je les sommais de requestionner sans cesse leurs certitudes, car le *Carpe diem* utilisé à toutes les sauces aujourd'hui ne pouvait avoir de sens que s'il rimait avec « penser par soi-même ». Et je disais pour conclure : « Mais pour penser par soi-même, il faut posséder quelques outils, il faut commencer par s'instruire. Avant d'agir, il faut s'interroger, il faut douter, en un mot il faut être philosophe. » Et je voyais les yeux de mes élèves briller d'excitation, je voyais les regards embués des spectateurs – souvent très jeunes – m'embrasser avec une émotion bouleversante, et je pensais presque naïvement que la partie était gagnée ! Que ce message s'échapperait par toutes les portes ouvertes de ce merveilleux Théâtre Antoine, qu'il flotterait dans l'air de toutes les rues parisiennes, et qu'il s'emploierait à faire taire la bêtise nauséabonde et la folie de plus en plus assourdissantes.

Non, évidemment, je ne le pensais pas vraiment, mais j'étais rempli d'une folle envie d'y croire, de croire que les mots qui sortent d'un théâtre peuvent atteindre une autre cible que ceux qui sont venus pour les entendre – car ceux-là appartiennent à une communauté déjà convaincue, une communauté qui sait le pouvoir des mots. Au fond, je rêvais que ce pouvoir ait le même effet magique ailleurs que sur une scène.

Soyons tristement raisonnables : les mots de théâtre sont des illusions qui quittent très rarement l'endroit où ils sont nés.

Il semblerait aujourd'hui que l'ignorance soit portée par une si forte conviction de détenir la vérité qu'aucune intelligence ne semble en mesure de la contester. Et, bien pire, même le rêve et l'émotion que portent la fiction semblent avoir perdu toute chance de nous secouer au-delà de l'espace où ils sont vécus. Évidemment, il ne faut pas lâcher, et tous autant que nous sommes dans cette salle, nous le savons et nous ne lâchons pas, mais le combat est déséquilibré.

« On peut changer le monde avec des mots et des idées », dit Keating. Oui, c'est une certitude, mais aujourd'hui ils sont prononcés par des traîtres à l'Histoire et aux faits qui la construisent… Car ces mots et ces idées, et c'est là le constat le plus terrible, ont pour ceux qui les hurlent plus de saveur que ceux que porte l'Histoire qu'on leur a transmise.

Je suis bouleversé quand je vois Sofia Aram monter sur la scène des Molières et rappeler l'horreur du 7 octobre ; quand j'entends encore dernièrement, à « C à vous », Caroline Fourest tenter de faire entendre avec une justesse toujours totale certains passages de la déclaration de Netanyahou, lui dont elle combat pourtant, depuis toujours, les choix politiques ; quand je lis les pétitions si courageuses de Philippe Torreton. Je suis admiratif quand je vois quotidiennement Delphine Horvilleur agrandir le périmètre étroit que sa fonction lui impose, en s'exposant aux calomnies et aux insultes.

Je repense à l'idée que Delphine Horvilleur avait échangée avec Kamel Daoud il y a quelques mois sur la scène de Sciences Po. Elle voulait dire le texte de Kamel Daoud et que Kamel en fasse autant du sien. Dire le texte de l'autre, se glisser pendant un instant dans une histoire qui n'est pas la nôtre, une histoire qui peut parfois nous insupporter et que nous avons même combattue, et la faire sienne jusqu'à s'en émouvoir, faire entendre par sa voix l'histoire de l'autre, l'autre histoire. J'avais trouvé cela formidable… sans réaliser immédiatement qu'au fond, c'était justement mon métier !

Il nous faut d'urgence nous emparer de l'histoire de l'autre – de ce qui semble *a priori* ne pas nous appartenir – et la faire entendre à ceux que cela dérange, car notre propre histoire crève d'être mal entendue.

Peut-être qu'au fond, pour reprendre Walt Whitman, elle est là, la rime que je peux ajouter au monde.

Les dangers existentiels qui menacent l'Europe

Je me disais, surtout en écoutant nos amis qui viennent de plus loin, d'autres pays, que la France est belle, elle qui est capable, un soir, grâce à Bernard-Henri Lévy, à *La Règle du jeu* et à tous ceux qui ont rendu possible ce moment, de rassembler des politiques, des intellectuels, des artistes, des citoyens, dans un théâtre, un lieu de culture, et que nous nous retrouvions ici aujourd'hui contre l'antisémitisme – une cause qui devrait évidemment rassembler bien au-delà de ces murs.

C'est pour moi, après avoir écouté attentivement tous ceux et toutes celles qui se sont exprimés, un immense privilège d'intervenir après Yvan Attal ou Philippe Val, parmi d'autres, et je ne peux vous donner que mes sentiments. En tout cas, je ne peux pas me permettre de conclure ce qui n'est qu'une étape ou que le début d'une bataille, d'une guerre – ce mot a été utilisé par certains ce soir –, parce que le mal est en effet profond, et que nous vivons et sommes face, nous Européens, à des défis considérables, des dangers existentiels et mortels.

Bien sûr, et cela a été dit, nous savons que l'antisémitisme ancien, ancestral, militant, que nous avons décrit ce soir, est toujours là, avec les Chatillon, les Soral, les Dieudonné, ces députés cachés mais qui, il n'y a pas si longtemps, tenaient une librairie et vendaient de la littérature antisémite. Bien sûr, nous ne sommes pas dupes du jeu de l'extrême droite, et du nationalisme populiste un peu partout en Europe et dans notre pays. Ceux qui hier, il n'y a pas si longtemps, étaient anti-européens, pro-Poutine, antisémites, se drapent aujourd'hui dans de nouveaux habits parce qu'ils sont prêts à gouverner, quand ils ne gouvernent pas déjà. Bien sûr, nous connaissons les thèses complotistes diffusées à toute vitesse aujourd'hui à travers les réseaux sociaux, et nous avons tous en mémoire – cela a également été rappelé – ce qui a été dit pendant la pandémie de Covid-19. Mais cela ne suffit pas à expliquer ce qui est en train de se passer et je pense qu'il faut dire franchement les choses – sans parler du 7 octobre.

Une date illustre pour moi le problème auquel nous faisons face : c'est la manifestation du 12 novembre. J'ai souligné, et j'étais heureux de les entendre, la très belle initiative de Gérard Larcher et de Yaël Braun-Pivet, parce qu'il était important que ceux qui président les deux chambres qui représentent le peuple s'engagent de cette manière. Il y avait du monde dans la rue, mais pour la première fois dans une manifestation contre l'antisémitisme – et ce, depuis l'affaire Dreyfus –, il y avait les présents et les absents : l'extrême droite était présente, et une partie de la gauche politique et syndicale – pas toute, fort heureusement, mais tout de même – n'était pas là. C'est un événement considérable sur le plan politique, culturel, presque anthropologique. Et puis, il y avait les autres absents : les représentants – la plupart – de ce qu'on appelle la communauté musulmane, et le chef de l'État, qui n'était pas là et qui avait justifié son absence en disant qu'il ne voulait pas diviser les Français. Ce 12 novembre marque donc aussi un tournant. D'une certaine manière, il illustre ce qui était en train de se passer depuis des mois, depuis des années, et que vous avez tous décrit ce soir.

Nous étions peu nombreux, en ce XXIe siècle, à dire ce qui était en train de se passer, ce qu'on appelait improprement « le nouvel antisémitisme », qui venait davantage du monde arabo-musulman et d'une partie de la gauche. J'avais dénoncé en 2015 les gauches irréconciliables sur ce sujet-là ; mais c'était difficile à entendre, il était difficile de se faire entendre, alors qu'un travail en profondeur était en train de causer des dégâts considérables dans la société. Et nous y sommes ! Parce qu'à l'occasion du 7 octobre 2023, qui représente un basculement aussi important, sinon plus important que le 11 septembre 2001, nous assistons de fait – directement ou indirectement, peu importe – à l'alliance entre l'islamisme, le gauchisme et le wokisme, c'est-à-dire à une alliance qui se retrouve dans la haine d'Israël et donc des Juifs, dans la haine des Juifs et donc d'Israël, une alliance qui affirme avec force qu'elle est présente et qu'elle veut aller jusqu'au bout de ses objectifs.

Il faut d'abord dénoncer cela, dénoncer la puissance de l'islamisme, les objectifs qu'il se donne partout dans le monde à travers les Frères musulmans, les salafistes, en visant d'abord les communautés musulmanes issues de l'immigration dans les pays d'Europe – c'est pour cela que la bataille est fondamentale en Europe. On ne peut se contenter de « bons sentiments » et de descriptions trop générales ; il faut dire clairement que la bataille est au sein de l'islam et que nous attendons des esprits éclairés, des responsables de l'islam, de ceux dont la parole compte, qu'ils prennent pleinement leurs responsabilités. Sinon, cette bataille est difficile à mener, sinon, nous sommes isolés. Cette bataille, nous ne pourrons pas la gagner sans les musulmans sur notre continent. Il n'est pas normal que le recteur de la mosquée de Paris ou que le représentant du Conseil musulman aient été absents de la manifestation du 12 novembre.

Ensuite, s'il y a des gauches irréconciliables, cela veut dire qu'on ne peut pas s'allier avec elles, cela veut dire que là aussi il faut être clairs. Il y a quelques années, nous disions : « pas d'alliance entre la droite républicaine et le Front national », à aucun niveau, ni sur le plan national, ni sur le plan local. Eh bien moi, je le dis avec la même force sur ce sujet-là : pas d'alliance de circonstance pour gagner quelques sièges aux législatives, pas d'alliance au niveau régional, pas d'alliance au niveau local. Si La France insoumise, pour mille raisons, peut-être par opportunisme – ce qui est pire, en un sens –, est devenue une organisation antisémite parce qu'antisioniste, par haine d'Israël, alors on ne peut pas avoir la moindre complaisance envers elle et l'on ne peut pas contracter la moindre alliance avec elle. Et si nous voulons combattre l'antisémitisme, nous devons être clairs avec cette gauche – si c'est la gauche –, avec ce mouvement.

Et enfin, il faut une grande bataille culturelle. C'est aussi ce à quoi sert cette soirée. La bataille est partout : dans la communication, sur les réseaux sociaux, dans la culture. Comment pouvons-nous laisser aujourd'hui au Palais de Tokyo une exposition sur la Palestine qui est une véritable insulte à l'esprit humain ? La bataille culturelle se joue évidemment dans les universités et dans nos écoles. Regardez la vague qui est en train de toucher le monde de l'éducation et qui vient notamment des États-Unis. Mais allons plus loin encore. Depuis le 7 octobre – et vous l'avez dit, cher Bernard-Henri Lévy, dans un livre admirable –, Israël, au fond, éprouve cette immense solitude qui frappe non seulement l'État hébreu, mais le monde juif dans son ensemble. Où aller, aujourd'hui, pour se réfugier, puisque partout on met en cause votre vie, votre existence ? Israël – vous l'avez dit – est aujourd'hui mis au banc des accusés et passe du statut de victime au statut de bourreau – et l'on oublie les otages. On réclame beaucoup d'Israël, on ne réclame rien du Hamas qui est une organisation terroriste. Et il y en a même, en Espagne, en Irlande, en Norvège, mais aussi en France, et des têtes de liste, qui réclament aujourd'hui un État palestinien, alors que cela serait donner une récompense au Hamas, à une organisation terroriste qui, le 7 octobre, a commis un pogrom à vocation profondément génocidaire et antijuive ! Où est la responsabilité des uns et des autres ?

Nous avons une responsabilité, nous Européens, vis-à-vis d'Israël, ce petit pays fragile mais qui représente une lumière et ce petit pays que j'aime. Je ne l'aime pas seulement parce que j'y suis allé des dizaines de fois, je ne l'aime pas simplement parce que c'est un pays dans lequel on croise toutes les cultures et toutes les religions. C'est un pays que j'aime parce que c'est d'abord une démocratie. Nous donnons beaucoup de leçons aux dirigeants israéliens, et je le comprends, mais laissons d'abord les Israéliens, le seul peuple qui vit dans un État démocratique dans cette région du Proche et du Moyen-Orient, décider de leur avenir. Cette seule démocratie est un pays divers, un pays où vivent avec des droits deux millions d'Arabes, alors que 800 000 Juifs, depuis 1947, ont dû quitter les pays arabes et du monde musulman, ce qu'on oublie toujours de dire. C'est un pays qui accueille les homosexuels palestiniens pourchassés à mort à Gaza ou en Cisjordanie. C'est un pays où les femmes sont libres et prennent les armes, alors qu'ailleurs on tue les femmes simplement parce que ce sont des femmes juives, ou l'on voile celles qu'on ne veut pas voir dans l'espace public, et alors qu'une partie du mouvement féministe a oublié de soutenir les femmes israéliennes. Je défends Israël, parce que c'est aussi notre avenir qui s'y joue, car les valeurs d'Israël sont celles de la France et celles de l'Europe, et qu'à force de l'oublier nous passons à côté de l'essentiel.

Jean-Claude Milner, il y a un instant, a fait une magnifique conférence. Pour ceux qui connaissent son œuvre, c'était l'occasion, au fond, d'entendre un « résumé » de sa pensée ; et il nous a obligés à une nouvelle réflexion sur la question de l'antisémitisme. L'antisémitisme, c'est la haine des Juifs et d'Israël, je crois que c'est la même chose. D'une certaine manière, l'antisémitisme est devenu un mot bateau qui ne nous aide pas à comprendre ce qui est en train de se passer.

Défendre Israël, chers amis, défendre l'existence d'Israël face à la barbarie terroriste, défendre les intérêts stratégiques de ce pays, qui sont les mêmes intérêts stratégiques que les nôtres, c'est le meilleur moyen de lutter contre ce qu'on appelle l'antisémitisme dans nos pays d'Europe. Pour cela, il faut être clairs, il faut avoir du courage, il faut nommer les choses. Le courage, ce n'est pas le « oui, mais ». Le courage, ce n'est pas de se précipiter pour reconnaître un État palestinien qui aujourd'hui n'existe pas, alors qu'il faut une négociation entre Israël et les Palestiniens pour trouver une solution politique. Le courage, ce n'est pas d'appeler à des cessez-le-feu qui donneraient la victoire au Hamas, alors qu'on doit exiger de lui qu'il rende tous les otages. Le courage, c'est de ne pas boycotter Israël, un pays démocratique avec qui nous travaillons, dans un salon de l'armement. Le courage, ce n'est pas une diplomatie française ou européenne qui aujourd'hui n'est pas à la hauteur des enjeux stratégiques dans cette région du monde. Si nous devons lutter contre l'antisémitisme, contre la haine des Juifs, contre la haine d'Israël, nous devons soutenir Israël et nous devons rappeler que les valeurs qui sont défendues là-bas sont celles que nous défendons ici, c'est-à-dire les valeurs de la République, de la France et de l'Europe.

PATRICK **MIMOUNI**

Proust et l'antisémitisme

La parution en 1951 des *Origines du totalitarisme*, l'ouvrage d'Hannah Arendt, bouleversait le domaine des études proustiennes. Arendt considérait, en effet, *À la recherche du temps perdu* comme l'un des ouvrages majeurs qui témoignaient de l'histoire des Juifs au XIXe et au XXe siècle en Occident.

Elle le cite abondamment. Elle lui consacre tout un chapitre dans son ouvrage. Elle y analyse en particulier le parallèle proprement proustien entre judéité et homosexualité[1].
Des déterminations « cachées sous la surface des événements », qui échappaient à l'attention des historiens classiques, apparaissaient grâce à Proust, selon Arendt[2].
Jusqu'alors personne n'avait mis en relation le roman proustien et l'expérience de l'antisémitisme.

---

(1) Hannah Arendt, *Les Origines du totalitarisme* (traduit en français par Jean-Loup Bourget, Robert Davreu et Patrick Lévy), Gallimard, p. 315-325.

(2) Hannah Arendt, *Les Origines du totalitarisme* (traduit en français par Jean-Loup Bourget, Robert Davreu et Patrick Lévy), Gallimard, p. 325.

Et pourtant, à sa manière, la *Recherche* prépare son lecteur à l'épreuve d'un monde où il n'y aurait plus que des antisémites, y compris le narrateur du roman confondu avec le personnage de Marcel.
Les visites du curé à la maison, la piété de la tante du petit Marcel, la présence des siens chaque dimanche à la messe, ne suffisent pas à attester que sa famille est vraiment française ; en tout cas pas autant qu'une réflexion antijuive.
Écoutez-le.
Françoise est une excellente domestique, elle veille sur la maison avec beaucoup de soin, mais elle est capable d'une telle cruauté, parfois, qu'elle rappelle à Marcel les Juifs et leurs « lois antiques qui, à côté de prescriptions féroces comme de massacrer les enfants à la mamelle, défendent avec une délicatesse exagérée de faire bouillir le chevreau dans le lait de sa mère[3] ».
Une allusion au crime rituel dont on accusait les Juifs depuis l'Antiquité, c'est-à-dire sacrifier un enfant pour le manger afin de célébrer la Pâque.
Ce n'est pas tout.
Swann souffre « d'un eczéma ethnique et de la constipation des Prophètes », selon Marcel[4] – une maladie proprement juive, qui réveille là encore des souvenirs antiques.
Eh oui… L'eczéma ethnique rappelle la lèpre juive dont la légende sévissait déjà à Rome dans l'Antiquité.

---

(3) Marcel Proust, *Du côté de chez Swann*, Pléiade, p. 28.

(4) Marcel Proust, *Du côté de chez Swann*, Pléiade, p. 395.

La constipation des Prophètes, en revanche, est une invention de Proust. Mais elle renvoie au même imaginaire : les Juifs ne seraient pas aussi constipés s'ils ne pratiquaient pas le cannibalisme. Proust avait songé à une autre version : Swann donnait à certaines personnes « l'envie de lui demander si c'était vrai que les Juifs étaient forcés de manger un enfant vivant à certains jours[5] ». Il préféra retenir la version de la constipation qui sollicite une association d'idées plus subtile pour qualifier la judéophobie de son narrateur.

Remarquez que ce même narrateur continuera à faire des réflexions antijuives jusqu'à la fin du roman. Sur ce plan-là, il n'y aura pas de rémission. Ainsi à propos de Gilberte Swann, dotée d'une affreuse avarice, le narrateur se demande : « Quel *ascendant israélite* gouvernait en cela Gilberte ?[6] » Ou, encore, à propos d'Albert Bloch, son ami juif : « Bloch était entré en sautant comme une hyène. Je pensais : "Il vient dans des salons où il n'eût pas pénétré il y a vingt ans."[7] »

Vous ne pouvez pas ne pas respirer l'odeur d'antisémitisme dont témoigne le roman proustien. Dès que vous vous y êtes habitué, dès que vous ne la sentez presque plus, vous en parvient une bouffée où son acidité s'est plus concentrée,

(5) Marcel Proust, *Du côté de chez Swann*, Esquisse IX, Pléiade, p. 669.

(6) Marcel Proust, *Albertine disparue*, Pléiade, p. 262. (C'est moi qui souligne.)

(7) Marcel Proust, *Le Temps retrouvé*, Pléiade, p. 545.

comme s'il suffisait qu'elle se fasse oublier pour ressurgir.
Roman de l'antisémitisme, *À la recherche du temps perdu* n'est pas pour autant un roman antisémite, c'est-à-dire un roman où les Juifs apparaissent comme les rois de l'époque, les maîtres du monde, les démons qui s'emparent de tous les rouages du pouvoir, à la suite du Nucingen de Balzac ou du Gundermann de Zola.
La société israélite apparaît tout autrement chez Proust. Elle apparaît réellement, soumise à l'opprobre, incapable de se rebeller contre les instances qui la terrorisent.

Le peuple métaphysique par excellence

Reportez-vous à l'époque de l'affaire Dreyfus dans la *Recherche*.
« Ah ! », remarque la comtesse de Marsantes en apercevant un Allemand invité chez les Guermantes, « je sais qu'il est très bien pensant, et c'est si rare parmi les étrangers. Mais je suis renseignée. *C'est l'antisémitisme en personne*[8]. »
Alors, en Allemagne, il était évident qu'Israël incarnait le matérialisme le plus vulgaire, associé aux effets les plus redoutables du capitalisme. C'était notamment la thèse de Karl Marx.
« Quel est le culte profane du Juif ? Le *trafic* », postulait-il. « Quel est son dieu profane ? *L'argent*[9]. »

---

(8) Marcel Proust, *Le Côté de Guermantes*, Pléiade, p. 553.

(9) Karl Marx, *La Question juive*, 10-18, réédité en ligne, uqac.uquebec.ca.

Voilà comment Marx posait les bases de l'antisémitisme moderne, prétendument rationnel et scientifique.
Les antisémites allemands de tous bords s'accordaient sur ce point : ils reconnaissaient volontiers aux Sémites, en particulier aux Juifs, le don du commerce et de la finance. Mais cela restait terriblement vulgaire, et potentiellement criminel.
En revanche, les Aryens – autrement dit les Allemands de pure souche – illustraient ce que l'intelligence humaine produisait de meilleur, selon bien des experts.
La philosophie allemande fournissait la preuve de la supériorité aryenne en la matière, aux yeux de ces mêmes experts. Aucun autre peuple ne pouvait donner un Kant, un Fichte, un Hegel, etc.
Les Allemands constituaient la « nation métaphysique par excellence », selon Germaine de Staël, l'introductrice de la philosophie idéaliste allemande en France.
L'idée de la suprématie raciale des Aryens reposait sur ce postulat : le peuple le plus intelligent au monde.

L'instinct contre l'intelligence

L'*Essai sur les données immédiates de la conscience*, l'ouvrage d'Henri Bergson (un cousin de Proust avec qui il était très lié), avait révolutionné la pensée française dans les années 1890, peu avant que n'éclate l'affaire Dreyfus.

Bergson remettait en cause l'intelligence humaine lamentablement attristante, décourageante, accablante, selon lui. Il préférait promouvoir l'instinct dont dépend la foi, la véritable foi, c'est-à-dire l'élan vital porteur d'une félicité ineffable, pour peu qu'on sache l'appréhender.
Bergson ne craignait pas de s'attaquer à la philosophie allemande – une philosophie bien trop abstraite, bien trop idéaliste, et en cela bien trop éloignée du réel.
Dans un pays comme la France, qui souffrait d'un complexe d'infériorité par rapport à l'Allemagne depuis la défaite de 1870, Bergson produisait un anti-intellectualisme lié à un antigermanisme qui eut une influence considérable sur ses contemporains.

Les Allemands célébraient plus que jamais alors la grandeur de leur philosophie idéaliste et du milieu intellectuel qui la sous-tendait.
Les Français, en revanche, réhabilitaient le matérialisme. Mais, pour autant, il ne s'agissait pas de réhabiliter Israël, bien au contraire.
Une nouvelle théorie antisémite, celle-ci proprement française, se constituait à la fin du XIXe siècle en profitant du ressort que lui donnait l'affaire Dreyfus.
Désormais les antisémites français concevaient qu'Israël incarnait l'idéalisme dans sa forme la plus abstraite et la plus morbide. Rien n'était pire, à leurs yeux, que les intellectuels juifs, pires encore que les intellectuels allemands !

Proust porte beaucoup d'attention au travail de cette théorie dans la société ainsi que dans les institutions françaises, et ce d'autant qu'il incarnait mieux que personne ce genre d'intellectuel au regard de la France d'alors.

C'était toujours un Juif !

Le narrateur proustien invite parfois des camarades de classe à déjeuner ou à dîner chez ses parents.
Seulement, voilà, précise-t-il, « chaque fois que je me liais avec un de mes camarades plus qu'avec les autres et que je l'amenais chez nous, *c'était toujours un Juif*[10] ».
Marcel (le Marcel du roman) se situe en effet dans la catégorie des antisémites fascinés par les intellectuels juifs.

Observez Albert Bloch, l'ami juif du narrateur.
Invité à déjeuner à Combray, il arrive avec une heure et demie de retard. Il ne porte jamais de montre. Il tâche de prouver qu'il ne se préoccupe nullement de contingences matérielles. Il tient à se faire passer pour un idéaliste.
Il ne se sert jamais d'un parapluie non plus. Un idéaliste ne se soucie pas de son apparence. Il arrive trempé. Il a l'air d'un fou. Et, au lieu de se confondre en excuses, il tient des propos d'une prétention insupportable.
La famille n'a jamais reçu quelqu'un d'aussi mal

(10) Marcel Proust, *Du côté de chez Swann*, Pléiade, p. 90.

élevé. Il se la met immédiatement à dos. Il s'en moque. Il la traite de haut. Un idéaliste ne se situe pas à un niveau aussi terre à terre.
Mais faire semblant d'être un idéaliste ne suffit pas à Bloch. Faut-il encore qu'il fasse semblant d'être un socialiste, tendance Proudhon, la tendance antisémite à gauche. Autant laisser entendre qu'il déteste les Juifs.
Bloch ne se rend pas compte qu'il en fait trop. Il ne se rend pas compte qu'il émet des signes qui contredisent son image. Il n'a pas du tout l'air d'un idéaliste, ni d'un socialiste. Ce n'est qu'un snob.
Et pourtant c'est grâce à Bloch que le narrateur découvre Bergotte, l'écrivain qu'il admire le plus, l'incarnation de la littérature à ses yeux.
Ce qui prouve que Bloch n'est pas aussi frimeur qu'il en a l'air.

La protestation des intellectuels

Un soir en octobre 1897, bizarrement, après le concert qu'elle organisait chez elle chaque dimanche, Geneviève Straus – une grande amie de Proust – se leva pour dire à ses invités d'un ton solennel :
– Mes amis, Joseph Reinach a une communication très importante à vous faire.
La foule rassemblée dans le salon des Straus se demandait ce qui se passait.
Reinach annonça que le colonel Picquart, le chef du contre-espionnage français, certifiait que le capitaine Dreyfus était innocent. Comment pouvait-il

en être certain? Eh bien, parce qu'il avait identifié le véritable coupable : le commandant Esterhazy. Il détenait les preuves de sa culpabilité. Mais, alors, comment se faisait-il qu'on ne l'ait pas su?
Parce qu'il arrivait quelque chose d'inimaginable. Les chefs de l'armée française, le ministre de la Guerre, les plus hautes autorités de l'État, jusqu'au président de la République, apportaient leur soutien au coupable.
L'affaire Dreyfus éclatait.
Un groupe de militants dreyfusards se forma, regroupé autour de Reinach et de Clemenceau dans les locaux de *L'Aurore*. Proust comptait parmi les tout premiers adhérents au mouvement, de même que Bloch dans le roman.
Les dreyfusards se décidaient à constituer une pétition pour réclamer la révision du procès de Dreyfus. Proust se chargea d'obtenir les signatures d'Anatole France et d'Henri Bergson, deux renforts considérables s'il parvenait à les rallier à la cause du capitaine.
France accepta de signer la pétition, mais Bergson ne voulut rien entendre. Il préférait laisser aux institutions républicaines le soin de faire respecter le droit. Un raisonnement qui ne tenait plus debout désormais. Tant pis! Bergson choisissait le camp de la neutralité. Et, en cela, il agissait comme bien d'autres israélites.
Le 13 janvier, dans *L'Aurore*, Zola publia «J'accuse!». Un article, sous forme d'une lettre ouverte à Félix Faure, le président de la République, une lettre qui fit aussitôt scandale.

Le lendemain, dans le même journal, paraissait le « Manifeste des cent quatre » (la pétition des personnalités qui exigeaient la révision du procès de Dreyfus). On y trouvait la signature de Proust, bien entendu.
À cette occasion, Clemenceau célébra la « protestation des intellectuels ». Ce faisant, il formulait un tout nouveau concept.
Jusque-là « intellectuel » restait un adjectif. On concevait des métiers intellectuels, des plaisirs intellectuels, des soucis intellectuels, mais pas *des* intellectuels tout court.
Et voilà qu'avec l'affaire Dreyfus le concept surgissait, imposé soudain par les événements – un concept auquel Proust, alors à 26 ans, offrait évidemment une image.

Le 1er février, Maurice Barrès publia un article où il sabrait les signataires du « Manifeste des cent quatre ».
« Ces prétendus intellectuels, affirmait-il, sont un déchet fatal dans l'effort tenté par la société pour créer une élite[11]. »
Le 15 février, Lucien Herr fit paraître dans *La Revue blanche* une réponse à Barrès à la suite de son attaque contre les intellectuels.
En retour, le 27 février, *La Libre Parole* publia un article vengeur contre les Juifs qui s'en prenaient à Barrès. L'auteur anonyme de l'article en dressait la liste. Et, parmi ces Juifs, figurait le nom de

(11) Maurice Barrès, « La protestation des intellectuels », *Le Journal*, 1er février 1898.

Marcel Proust, qui n'avait pourtant pas pris publiquement position contre Barrès.
Néanmoins « pour rectifier, il aurait fallu dire que je n'étais pas juif, et *je ne le voulais pas* », précisait Proust[12].
Alors il se rendait déjà compte qu'il incarnait l'intellectualisme comme on respire.

La juiverie républicaine

La gauche prenait le pouvoir à l'issue de l'affaire Dreyfus. La République triomphait. Les royalistes perdaient l'espoir de restaurer la monarchie en France, sauf à se lancer dans un coup d'État.
Charles Maurras concevait que les Juifs fondaient ce qu'il appelait le « pays légal », autrement dit les principes démocratiques et les institutions dont dépend le régime républicain en France – ou pour mieux dire la *juiverie républicaine* selon Maurras –, un régime mortifère construit sur des abstractions, un régime sans rien de vivant, un régime purement intellectuel, produit précisément par l'idéalisme juif.
Ce à quoi Maurras opposait le « pays réel », c'est-à-dire la France concrète, la France vitale, la France terrienne, instinctivement monarchiste, catholique et antisémite.
Maurras empruntait ainsi son anti-intellectualisme à Bergson en fustigeant aussi bien

(12) Marcel Proust, Lettre à Robert Dreyfus, juin 1905, dans Robert Dreyfus, *Souvenirs sur Marcel Proust*, Grasset, p. 137. (C'est moi qui souligne.)

l'idéalisme juif (l'ennemi de l'intérieur à ses yeux) que l'idéalisme allemand (l'ennemi de l'extérieur).
Maurice Barrès promouvait la même théorie. « Les Juifs n'ont pas de patrie au sens où nous l'entendons », observait-il. « Pour nous, la patrie, c'est le sol et les ancêtres, c'est la terre de nos morts. Pour eux, c'est l'endroit où ils trouvent leur plus grand intérêt. Leurs "intellectuels" arrivent ainsi à la fameuse définition : "La patrie, c'est une idée." Mais quelle idée ? Celle qui leur est la plus utile et, par exemple, l'idée que tous les hommes sont frères, que la nationalité est un préjugé à détruire, que l'honneur militaire pue le sang, qu'il faut désarmer (et ne pas laisser d'autre force que l'argent), etc.[13] »

Une théorie dont émanait un antisémitisme proprement français (conçu tout autrement que l'antisémitisme allemand, les antisémites français s'attaquant par ce biais au régime républicain qui n'existait pas alors en Allemagne), cette théorie, promue par Maurras et Barrès, joue un rôle considérable chez Proust.
Écoutez le marquis de Norpois, un critique littéraire opposé à un intellectuel comme Bergotte : « Toutes ces chinoiseries de forme, toutes ces subtilités de mandarin déliquescent me semblent bien vaines », observe Norpois en visant Bergotte.

---

(13) Maurice Barrès, *Scènes et doctrines du nationalisme*, Félix Juven éditeur, p. 63-64, réédité en ligne, gallica.bnf.fr.

« Vous m'accorderez », ajoute-t-il, « qu'on a le droit de demander à un écrivain d'être autre chose qu'un bel esprit qui nous fait oublier dans des discussions oiseuses et byzantines sur des mérites de pure forme, que nous pouvons être envahis d'un instant à l'autre par un double flot de Barbares, ceux du dehors et ceux du dedans[14]. » Norpois parle comme Maurice Barrès. Seulement Proust le signale à peine, en laissant à son lecteur le soin de mener une enquête, le cas échéant.

Car, voilà, « Bergotte, si moderne par d'autres côtés, était le dernier représentant – le dernier pour le moment – car cette forme d'art peut renaître – d'un art intellectuel qui s'ingéniait à *taire* beaucoup de ce qu'il voulait dire », expliquait Proust comme s'il s'agissait de lui-même[15].

Seulement cet art intellectuel exige que s'instaure une connivence entre l'auteur et le lecteur. Mais justement, sans cette connivence, selon Proust, il n'est pas de littérature.

La calvitie de Swann

Swann est le neveu de sir Rufus et de lady Israël, de la banque Israël, « l'équivalent des Rothschild », signale Proust[16].

(14) Marcel Proust, *À l'ombre des jeunes filles en fleurs*, Pléiade, t. I, p. 464-465.

(15) Marcel Proust, *Le Temps retrouvé*, Esquisse XXXIII, Pléiade, p. 855.

(16) Marcel Proust, *À l'ombre des jeunes filles en fleurs*, Pléiade, p. 395.

Jusqu'alors les Rothschild n'étaient jamais apparus que sous une forme monstrueuse dans la littérature française.
Songez au Nucingen de Balzac, ou au Gundermann de Zola.
Personne, avant Proust, n'avait songé à faire d'un Rothschild un personnage, somme toute, assez sympathique – un esthète, un collectionneur d'objets d'art, un arbitre des élégances, mais surtout un intellectuel juif, aux yeux du narrateur, un intellectuel bien supérieur à Bloch.
Ainsi apparaît ce paradoxe chez Proust : un narrateur antisémite qui voue pourtant à Swann une admiration sans bornes, jusque sur le plan physique : « Quant à Swann, pour tâcher de lui ressembler », explique le petit Marcel, « je passais tout mon temps à table, à me tirer sur le nez et à me frotter les yeux. Mon père disait : "Cet enfant est idiot, il deviendra affreux." J'aurais surtout voulu être aussi *chauve*[17]. »
Qu'est-ce que c'est que cette histoire ! Puisque Swann est chauve, comment se fait-il qu'il n'apparaisse jamais sans ses cheveux dans le roman ? Eh bien, parce qu'il porte une fausse chevelure, cela va de soi.
Mais pourquoi dissimule-t-il sa calvitie ?
Parce qu'il en a honte, bien entendu. Une honte qui ne se compare pas à celle que l'on éprouve après avoir commis une faute. Il n'a rien fait de mal en perdant ses cheveux. Il ne se sent pas moins coupable d'être chauve.

(17) Marcel Proust, *Du côté de chez Swann*, Pléiade, p. 406. (C'est moi qui souligne.)

Comment ne pas éprouver ce sentiment? Le voilà disgracié à jamais au regard des préjugés esthétiques qui ordonnent la hiérarchie des élégances, d'où la nécessité de cacher son crâne luisant comme un signe infâmant.

Toutefois, cette nécessité, Swann ne la ressent que du côté de Guermantes. Il ne la ressent plus quand il se retrouve chez lui, du côté de Méséglise. Bien au contraire, il s'y débarrasse de sa perruque. Quel soulagement!

Ce n'est pas agréable de porter une fausse chevelure en permanence. Swann ne s'y astreint que lorsqu'il va dans le monde. Pourquoi éprouverait-il la honte d'être chauve dans son intérieur?

Il y expose volontiers son crâne luisant, si bien que la calvitie cesse d'être une disgrâce, à ses yeux, pour devenir une grâce.

Que signifie exactement cette histoire?

Proust laisse à son lecteur le soin d'en décider. Son roman se conçoit ainsi.

« L'ironie, précisait-il, faisait que sous tel petit fait se cachait pour le lecteur comprenant l'allusion toute une loi psychologique[18]. »

La tripartition

« Proust qui avait mille raisons de n'être pas antisémite arrive à avoir l'air de l'être dans son livre », remarquait Cocteau dans son journal de 1952.

---

(18) Marcel Proust, *Le Temps retrouvé*, Esquisse XXXIII, Pléiade, p. 855.

Qu'est-ce que c'était que ce roman où « tous les personnages (sauf lui, bien entendu) sont homosexuels » ?
Cela ne tenait pas debout, selon Cocteau.
« Ce qui intéresse, constatait-il, c'est de voir Proust se vider sur Charlus de ce qu'il dissimule[19]. »
À ce titre, Charlus incarne une espèce d'alter ego du narrateur quand il s'agit de rendre compte de ce que c'est que Sodome.
Swann, symétriquement, incarne une autre sorte d'alter ego, mais là afin de rendre compte de ce que c'est qu'Israël.

Paul Morand signale que Proust lui avait fait cadeau des six volumes de l'*Histoire de l'Affaire Dreyfus* par Joseph Reinach, pour lui apprendre à « *ne pas être antisémite*[20] ».
On peut regretter que Proust n'ait pas mis tout simplement en scène un narrateur juif et homosexuel issu de sa propre biographie.
Il eut peut-être cette idée en tête lorsqu'il se lança dans son roman en 1908.
La mère du narrateur apparaît avec « les belles lignes de son visage juif » dans le premier état du roman proustien[21], lorsqu'il s'appelait encore *Contre Sainte-Beuve*.

---

(19) Jean Cocteau, *Le Passé défini, Journal 1951-1952*, Gallimard, t. I, p. 289, p. 308, p. 302.

(20) Paul Morand, *Journal inutile*, 8 juillet 1969, Gallimard, t. I, p. 231. (C'est Morand qui souligne.)

(21) Marcel Proust, *Contre Sainte-Beuve*, version Fallois, Gallimard, p.128.

Ce n'est qu'en 1909 que Proust procéda aux remaniements qui aboutirent à l'invention d'un narrateur catholique, hétérosexuel et antisémite, en relation avec un Juif comme Swann et un Sodomite comme Charlus.
Proust redoutait d'être poursuivi pour outrage aux mœurs à cause son roman, comme l'avait été Baudelaire à cause des *Fleurs du mal*.
La construction romanesque à trois pôles – où se comprennent Marcel, Charlus et Swann – lui évitait de se retrouver devant un tribunal, du moins c'est ce qu'il espérait.

« Lui c'est un homme, ce n'est pas un de ces efféminés comme on en rencontre tant aujourd'hui », remarque Charlus[22] en personnifiant précisément l'homosexuel antihomosexuel, une figure évidemment comparable à celle d'un Juif antijuif comme Bloch.
Un thème propre à Proust. Aucun romancier, avant lui, n'avait jamais établi ce genre de parallèle entre Israël et Sodome.
Un thème qui renvoie à une lamentable réalité sociologique.
Nombre d'israélites français n'hésitaient pas alors à lancer des imprécations contre Israël, moins par conviction que par mimétisme, pour faire comme tout le monde, précisément comme Bloch sur la plage de Balbec :
« "Je ne suis pas par principe irréductiblement hostile à la nationalité juive, mais ici il y a plé-

(22) Marcel Proust, *Le Côté de Guermantes*, Pléiade, p. 591.

thore. On n'entend que : "Dis donc Apraham, chai fu Chakop." On se croirait rue d'Aboukir."[23] »
Qui sait si le narrateur ne joue pas le même jeu ?
Une question qu'on ne peut guère éviter de se poser.
Est-il vraiment hétérosexuel ?
Est-il vraiment catholique ?
Est-il même vraiment antisémite ?
Ou tâche-t-il seulement de donner le change ?

• • •

« Rassemblés à leurs pareils par l'ostracisme qui les frappe, l'opprobre où ils sont tombés, ayant fini par prendre, par une persécution semblable à celle d'Israël, les caractères physiques et moraux d'une race », les Sodomites, selon Proust, se confrontent au même dilemme que les Juifs[24].
Il va de soi que, si Charlus révélait publiquement son homosexualité, il serait aussitôt exclu de toute société respectable.
Charlus en est évidemment conscient. Seulement c'est plus fort que lui. Son efféminement deviendra de plus en plus visible. Arrivera un moment où il ne pourra plus cacher son goût pour la sodomie, devenu du même coup un objet de scandale, raillé, injurié, rejeté hors du « monde ».
Un Juif rothschildien, comme Swann, admis dans le gratin de l'aristocratie française, connaîtra inévitablement le même sort quand il laissera

(23) Marcel Proust, *À l'ombre des jeunes filles en fleurs*, Pléiade, p. 97.
(24) Marcel Proust, *Sodome et Gomorrhe*, Pléiade, p. 18

entrevoir qu'il ne s'est pas détaché du judaïsme autant qu'il en a l'air, alors même que la montée de l'antisémitisme n'a jamais été aussi puissante en France.

« Arrivé au terme prématuré de sa vie, comme une bête fatiguée qu'on harcèle, il exécrait ces persécutions et rentrait au *bercail religieux de ses pères*[25]. »

Voilà que Swann apparaît comme un Juif religieux, avec tout à fait l'air d'un vieil Hébreu.

Qui sait s'il ne compte pas des rabbins parmi les siens, comme c'était le cas pour Proust ? Qui sait s'il ne s'intéresse pas à la littérature rabbinique ? Qui sait s'il ne lit pas des ouvrages issus du corpus talmudique ou cabalistique, comme c'était également le cas pour Proust ?

« Le nez de polichinelle de Swann, longtemps résorbé dans un visage agréable, semblait maintenant énorme, tuméfié, cramoisi[26]. »

Une manière de dire qu'il ne pourra plus être reçu dans le « monde », devenu lui-même un objet de scandale et de dérision.

Oh ! je sais qu'il est intelligent…

Reportez-vous au début du roman.

« Tiens, tu as vu ton ami Monsieur Swann ? » fait remarquer la méchante Mme de Gallardon à la princesse des Laumes. « *Oh ! je sais qu'il est intelligent*, ajouta-t-elle en voulant dire par là intrigant. »

(25) Marcel Proust, *Le Côté de Guermantes*, Pléiade, p. 868. (C'est moi qui souligne.)

(26) Marcel Proust, *Sodome et Gomorrhe*, Pléiade, p. 89.

Le jeune Swann alors, aussi assimilé qu'il soit, incarnait déjà l'Intellectuel juif aux yeux du monde.
« Je sais qu'il est converti, et même déjà ses parents et ses grands-parents », précise Mme de Gallardon. « Mais on dit que les convertis restent plus attachés à leur religion que les autres, que c'est une frime, est-ce vrai ?[27] »

Ainsi, dès le début du roman, Proust laisse entendre que Swann se comporte déjà comme un Juif religieux à sa manière, même si apparemment il n'a plus rien de juif, de même que Charlus est déjà homosexuel, même s'il passe pour un homme à femmes.

Un religieux

« Quelles que soient vos croyances, la Bible est quelque chose de réel, d'actuel », affirmait Proust. « Nous avons à trouver en elle autre chose que la saveur de son archaïsme et le divertissement de notre curiosité[28]. »
La puissance d'une religion, selon lui, ne tenait pas à une croyance, mais à une éthique au sens le plus large.
Ce qu'Anatole Leroy-Beaulieu, le professeur de Proust à l'École des sciences politiques, appelait la « civilisation judéo-chrétienne » reposait sur ce

(27) Marcel Proust, *Du côté de chez Swann*, Pléiade, p. 329.

(28) Marcel Proust, Préface à *La Bible d'Amiens* de John Ruskin, Bartillat, p. 32.

principe, non plus la conviction de l'existence de Dieu, mais une culture, une philosophie, une morale, à commencer par « le grand dogme judéo-chrétien de la fraternité humaine », soulignait Leroy-Beaulieu[29].
Voilà pourquoi Maurras attribuait à la « juiverie » la responsabilité d'avoir fondé le régime républicain.

• • •

En 1903, le gouvernement anticlérical au pouvoir en France décréta la fermeture de près de 3000 collèges catholiques. L'État confisquait leurs bâtiments. Il en expulsait les religieux. L'Église, de fait, perdait le droit d'enseigner en France.
Mais les religieux « obligés de voyager » constituaient un sujet de plaisanteries dans la bande des amis de Proust. Il laissait dire, persuadé d'avance qu'il perdrait son temps à essayer de les rendre plus tolérants.
Toutefois une nuit, dans la salle à manger, rue de Courcelles, où Proust avait l'habitude de travailler, mais aussi de recevoir ses amis, Georges de Lauris se lança dans une discussion sérieuse avec lui.
Après l'affaire Dreyfus, constatait Lauris, comment ne pas interdire aux écoles catholiques de dispenser leurs leçons, puisque précisément elles nourrissaient l'antisémitisme qui sévissait en France.

---

(29) Anatole Leroy-Beaulieu, *Israël chez les nations*, Calmann-Lévy, p. 427.

Ce raisonnement – parce qu'il éludait la différence essentielle entre le catholicisme et le cléricalisme –, ce raisonnement ne tenait pas debout, répliquait Proust : « Tout ce que nous pouvons détester dans le cléricalisme – d'abord l'antisémitisme, et pour mieux dire le cléricalisme lui-même – s'est entièrement dégagé des dogmes et de la foi catholiques », remarquait-il[30].
Proust songeait notamment à Maurras, un clérical tout à fait opposé aux « Évangiles de quatre Juifs obscurs » selon ses propres termes, et qui n'hésitait pas à le laisser entendre dans *L'Action française*, la revue phare du cléricalisme.
L'abbé Mugnier (un ami de Proust) observait : « *L'Action française*, c'est le catholicisme sans le christianisme[31]. »
Proust faisait le même constat. Les cléricaux tentaient de transformer l'Église en un instrument destiné à promouvoir, au-delà de l'antisémitisme, un système moral et politique fondé sur l'idolâtrie la plus abjecte de son point de vue, comme du point de vue d'un certain nombre de catholiques désormais.
Écoutez l'abbé Mugnier : « Cette haine des juifs est vraiment insensée ! Des femmes s'exaltent contre eux. Des femmes qui se disent chrétiennes. Quelle misère ![32] »

---

(30) Marcel Proust, Lettre à Georges de Lauris, 29 juillet 1903, Lettres, Plon, p. 245.

(31) Abbé Mugnier, *Journal*, 29 septembre 1910, Mercure de France, p. 193.

(32) Abbé Mugnier, *Journal*, 29 septembre 1910, Mercure de France, p. 193.

Parallèlement la gauche anticléricale ruminait des sentiments antijuifs auxquels s'ajoutaient des sentiments antichrétiens aussi virulents.
Proust remarquait que les anticléricaux promouvaient « la substitution de l'irréligion d'État à une religion d'État », avec « le même cortège de fanatisme, d'intolérance et de persécution »[33].
L'anticléricalisme de gauche ne valait pas mieux, à ses yeux, que le cléricalisme de droite.
« Puissent les progrès du socialisme épouvanter le gouvernement, l'avertir qu'il y a autre chose à craindre aujourd'hui que la trop grande puissance de l'Église », concluait-il.
Désormais le christianisme et le judaïsme partageaient le même destin aux yeux de Proust comme à ceux d'un grand nombre d'intellectuels de sa génération.
De fait, en 1926, l'Église condamna l'Action française de la manière la plus ferme.
« Catholiques par calcul et non par conviction, les dirigeants de l'Action française se servent de l'Église, ou du moins ils espèrent s'en servir », annonçait le cardinal Andrieu, au nom du pape, dans un article qui fit l'effet d'une bombe.
Il accusait Maurras et compagnie « de restaurer le paganisme avec toutes ses injustices et ses violences ». Eh oui ! « Voilà mes chers amis, ce que les dirigeants de l'Action française enseignent à leurs disciples[34]. »

(33) Marcel Proust, « L'irréligion d'État », *Le Banquet*, mai 1892, réédité dans *Contre Sainte-Beuve*, Pléiade, p. 348.

(34) Cardinal Andrieu, *L'Aquitaine, semaine religieuse du diocèse de Bordeaux*, 25 août 1926.

Qui sait si l'œuvre de Proust ne joua pas un rôle dans ce retournement qui allait mettre fin à des siècles d'antisémitisme proprement catholique.

Proust contre la déchéance

En 1948, dans la revue *Kultura*, une revue fondée par un groupe de dissidents polonais exilés en France, paraissait un long article intitulé « Proust contre la déchéance ».
Son auteur, Jozef Czapski, avait figuré parmi les 4000 officiers polonais capturés par les Russes et déportés à Starobielsk, près de Kharkiv, à l'est de l'Ukraine actuelle.
En hiver 1941, la plupart d'entre eux furent transférés à Katyn, près de Smolensk, en Biélorussie, où on les massacra.
Parallèlement 79 officiers avaient été envoyés à Griazoweitz, à 500 kilomètres au nord-est de Moscou, dans un camp isolé en pleine steppe, par un froid polaire. Ce furent les seuls à échapper au massacre. Czapski se trouvait parmi eux.
C'était un peintre, dans le style expressionniste, qui avait longtemps vécu à Paris avant d'être appelé dans l'armée polonaise. Il obtint l'autorisation de donner des conférences à ses compagnons – des conférences sur Proust.
Il s'agissait, expliquait Czapski, « de pouvoir participer à un effort intellectuel qui nous donnait la preuve que nous sommes encore capables de penser, et de réagir à des choses de l'esprit n'ayant

rien de commun avec notre réalité d'alors[35] ». Cet effort intellectuel se trouve au cœur de la religion à laquelle adhère Proust. Voilà à quoi sert la littérature, au sens où il l'entend.

Ni grands ni petits

Dans les *Récits de la Kolyma* – la chronique de vingt ans d'incarcération au Goulag –, Varlam Chalamov raconte comment il découvrit un exemplaire du *Côté de Guermantes* traduit en russe, alors qu'il se trouvait dans un état de désespoir total.

Que faisait ce livre en Sibérie, par moins 50 degrés, dans un camp de travaux forcés ? Chalamov n'en savait rien. Seulement ce livre lui procurait une joie dont découlait un soulagement intense. Et voilà qu'un jour le livre lui fut volé, justement parce que, de toute évidence, ce livre lui faisait du bien.

« Qui allait donc lire cette prose étrange », se demandait-il, « presque impalpable, comme prête à s'envoler dans le cosmos, et où toutes les proportions sont dérangées, mélangées, où il n'y a ni grands ni petits ?[36] »

Selon Chalamov, le plus extraordinaire, chez Proust, c'est qu'il porte la même attention à une servante qu'à une duchesse, de même qu'à un arbre qui semble vous tendre les bras.

(35) Jozef Czapski, *Proust contre la déchéance*, Libretto, p. 11.

(36) Varlam Chalamov, *Récits de la Kolyma* (traduit en français par S. Benech, C. Fournier et L. Jurgenson), Verdier, p. 1084.

C'est en ce sens que Chalamov peut dire qu'« il n'y a ni grands ni petits » chez Proust, puisque précisément, à ses yeux, l'objet en tant que tel n'a pas d'importance.
« Je n'allais pas dormir au dortoir », précisait Chalamov. « Proust avait plus de valeur que le sommeil[37]. »

(37) Varlam Chalamov, *Récits de la Kolyma* (traduit en français par S.Benech, C. Fournier et L. Jurgenson), Verdier, p. 1043.

ARTICLES ET NOUVELLES

PIERRE-ANTOINE **CHARDEL**

Technosciences, religiosité et démocratie

Réflexions à partir de Jacques Derrida

Interroger les technosciences à partir de la religiosité qui les entoure contribue à éclairer un certain nombre de questions relatives aux mutations que nous vivons aujourd'hui, à l'ère dite « hypermoderne », en nous incitant à mettre en cause une opposition qui nous vient assez immédiatement à l'esprit lorsque, d'une part, nous songeons à la place grandissante des technologies et des sciences dans nos vies puis, d'autre part, lorsque nous pensons à la religion censée nous tenir à l'écart de principes issus de la rationalité critique. L'exercice de la rationalité étant largement dédié à étendre un principe d'objectivation, comme l'avait notamment mis en évidence Husserl dans son fameux ouvrage de 1932, *La Crise des sciences européennes et la phénoménologie transcendantale*[1]. Mais comme

(1) Edmund Husserl, *La Crise des sciences européennes et la phénoménologie transcendantale*, traduit de l'allemand par Gérard Granel, Éditions Gallimard, 1989.

nous y convie Jacques Derrida dans le travail de déconstruction qu'il a produit dans une œuvre aussi dense que singulière, nous verrons que le dépassement d'une telle opposition permet de déplacer certaines lignes de démarcation et de compréhension de quelques phénomènes socio-philosophiques majeurs, parmi lesquels le phénomène technologique qui constitue un fait social à part entière ; un fait qui ne saurait toutefois répondre aux critères d'une quelconque appréhension positiviste.

Différences, télé-technologies et mondialisation

Pour Derrida, le développement des technologies de l'information et de la communication, ce qu'il aimait à nommer les «télé-technologies», nous conduit à penser la virtualisation de l'espace et du temps, la possibilité d'événements virtuels dont la vitesse interdit les logiques d'opposition, auxquelles nous étions habitués dans le passé. Les possibilités induites par les technologies nous interdisent d'opposer la présence à sa représentation, l'effectivité à son simulacre. Et ce qu'il y a d'inédit dans les mutations technologiques que nous vivons n'est pas la virtualisation : «L'inédit, c'est quantitativement, l'accélération du rythme, l'ampleur et les pouvoirs de capitalisation d'une telle virtualité spectralisante[2].» Les technologies

(2) Jacques Derrida, *L'Université sans condition*, Éditions Galilée, 2001, p. 26.

étant à même de créer des effets de spectralité puisque le maximum de *télé*, c'est-à-dire de distance, de retard, de délai, pourra venir prendre en charge ce qui pourra toujours continuer d'apparaître, de manière fantomatique, au-delà du moment où nous nous rencontrons et où nous sommes. Les innovations technologiques contemporaines amènent à accentuer la part de virtualisation et d'enregistrement de ce qui a lieu. Ainsi Derrida s'exprimait dans un entretien filmé avec Bernard Stiegler : « Nous savons maintenant, sous la lumière, devant les caméras, en entendant résonner nos voix, que ce moment live, vivant, pourra être, qu'il est déjà capté dans des machines qui le transporteront et le montreront peut-être Dieu sait quand et Dieu sait où, nous, nous savons déjà que la mort est là[3]. »

On comprend par là que les technologies viennent déstabiliser ce qui pouvait être ontologiquement figé, en contribuant à propulser le soi hors de la sphère du lieu, du territoire et de ses propres limites : elles constituent en ce sens de véritables forces de déstabilisation des ordres établis, comme celui de l'Université par exemple. Cette nouvelle étape technique de la virtualisation (informatisation, numérisation, mondialisation virtuellement immédiate de la lisibilité, télétravail, etc.) déstabilise, nous en faisons l'expérience, l'habitat universitaire. Elle bouleverse

(3) Jacques Derrida, entretien avec Bernard Stiegler, *Échographies de la télévision. Entretiens filmés*, Éditions Galilée/INA, 1996, p. 47.

sa topologie, elle inquiète tout ce qui organise ses lieux[4]. D'un point de vue éthico-politique, Derrida a fait preuve d'un certain optimisme en voyant dans certaines dynamiques de démocratisation (notamment dans les États de l'est de l'Europe) des effets indirects du déploiement des technologies de l'information et de la communication. Il établissait ainsi un parallèle entre certains phénomènes politiques d'accélération[5] de leur devenir et certaines avancées technologiques. De la sorte, si l'on a souvent dit qu'un régime totalitaire ne survivrait pas à une certaine densité du réseau téléphonique, il ne résiste pas non plus très longtemps à une certaine densité de l'information télévisuelle : « La technologie et la politique vont de pair dans leur accélération. » Les mouvements de démocratisation doivent en effet souvent aux écrans, et leurs transports de modèles, de normes, de valeurs et d'images. Un tel jeu de déstabilisation, qui est susceptible d'intervenir au sein des espaces politiques (même s'il suppose toujours des conditions d'appropriation des technologies elles-mêmes), vient aussi nous éclairer sur des interactions – inattendues – entre technosciences, religiosité et démocratie.

Pour se tenir attentif aux termes tout d'abord, il importe de mentionner que le choix en faveur du terme *technosciences* n'est en rien fortuit : l'ensemble des innovations technologiques vient en effet confirmer une alliance de

(4) Jacques Derrida, *L'Université sans condition*, *op. cit.*, p. 26.

(5) Jacques Derrida, *Sur parole*, Éditions de l'Aube, 1999, p. 43.

la science et d'un primat du performatif. Derrida parle en ce sens de *technoscience*, non pour céder à un quelconque effet de rhétorique, ou encore moins de mode, mais pour rappeler que l'acte scientifique devient de plus en plus attaché à une intervention pratique. Aujourd'hui, la science est en effet souvent évaluée à l'aune de ses applications techniques et de son efficience, tout en ayant des incidences très sensibles sur nos modes de vie : les innovations technoscientifiques mettant en œuvre des vitesses qui ne sont pas sans conséquences sur l'organisation des espaces socio-politiques.

Ce que vient provoquer le développement accéléré des télé-technologies, du cyberespace, de la nouvelle topologie du virtuel, c'est une déconstruction pratique des concepts traditionnels et dominants de l'État et du citoyen – et donc du politique – dans leur lien à l'actualité d'un lieu proprement dit, d'un territoire strictement défini : « La frontière n'est plus la frontière, les images passent les douanes, le lien entre le politique et le local, le *topolitique* est disloqué en quelque sorte[6]. » Une dimension éthique apparaît à ce niveau très distinctement puisque des dynamiques d'émancipation sont bien susceptibles d'intervenir par le biais des réseaux. Toutefois, il convient d'éviter tout réductionnisme technologique, ainsi que toute espèce d'idéa-

(6) Jacques Derrida, entretien avec Bernard Stiegler, *Échographies de la télévision, op. cit.*, p. 68.

lisme techniciste. Car la mondialisation de l'information accentue l'impression de rupture entre différentes sociétés, certaines se voyant plus nettement reléguées au rang des retardataires ou des exclues, les inégalités apparaissant même de plus en plus criantes. Derrida faisait d'ailleurs preuve d'une grande prudence dans l'utilisation du terme même de *mondialisation* compte tenu des malentendus que peuvent véhiculer ses traductions. Le mot « mondialisation » devrait en l'occurrence résister à ses prétendus équivalents en langue anglaise et allemande, par exemple : *globalization* ou *Globalisierung*.

S'il est important aux yeux de Derrida de distinguer le mot « mondialisation » et ces deux traductions, c'est parce que le concept de monde fait encore signe vers une histoire. Il sauvegarde une mémoire qui le distingue de celle du global, du globe, de l'univers, du cosmos même. Car le monde désigne d'abord dans une tradition abrahamique (judéo-christiano-islamique), un certain espace-temps, une certaine histoire orientée de la fraternité humaine. Dans *Foi et Savoir*, Derrida parle ainsi d'une *mondialatinisation* pour désigner la latinisation mondialisante, qui correspond à une étrange alliance du christianisme et du capitalisme technoscientifique, à la fois hégémonique et finie, surpuissante et en voie d'épuisement. Et celles et ceux qui s'engagent dans cette surenchère peuvent la conduire de tous les côtés, sur toutes les positions, à la fois ou tour à tour, jusqu'à la dernière extrémité : « N'est-ce pas la folie, l'anachronie absolue de notre temps, la disjonction de toute contemporanéité à soi, le jour voilé de tout aujourd'hui[7] ? »

Non seulement de tels jeux d'illisibilité se sont renforcés avec l'avènement des technologies numériques, mais les statistiques attestent que le vocable de mondialisation devient sûrement le lieu des usages et des abus les plus symptomatiques de notre temps, ceci dans les discours politiques mais aussi dans la sphère médiatique. Un autre jeu de tension se révèle donc fortement en nous invitant, à la fois, à éviter toute célébration béate de la mondialisation, tout autant que sa diabolisation : célébration et diabolisation dissimulant souvent des intérêts et des stratégies qu'il faut apprendre à discerner.

On peut certes avancer l'idée qu'un certain nombre de phénomènes inédits et irrécusables justifient ce concept de mondialisation. Essentiellement conditionnés par la technoscience (technoscience d'ailleurs très inégalement répartie dans le monde, dans sa production et ses bénéfices), les effets de mondialisation concernent les rythmes et l'étendue des transports et des échanges à l'ère de l'hyperconnexion, la circulation des personnes, des

(7) Jacques Derrida, *Foi et Savoir, suivi de Le Siècle et le Pardon*, Éditions du Seuil, 2000, p. 23.

marchandises, des modes de production et des modèles sociaux-politiques sur un marché plus ou moins réglé. L'ouverture, toute relative, des frontières (qui en même temps restent des lieux de violence, d'inhospitalité ou d'exclusion), la progression législative, et surtout l'exercice du droit international, dépendent moins du pouvoir technoscientifique en tant que tel que de décisions éthico-politiques et de stratégies politiques, industrielles et militaires, qui s'avèrent extrêmement segmentées.

La mondialisation donne en ce sens l'illusion plus qu'elle n'établit la réalité d'une participation universelle. De ce point de vue, la mondialisation n'a en quelque sorte *pas lieu* : elle est un simulacre, un artifice médiatico-politique, une arme de rhétorique qui dissimule un déséquilibre croissant, une nouvelle opacité, une non-communication bavarde et hyper-médiatisée, une accumulation massive des richesses, des moyens de production, des télé-technologies et des armements militaires sophistiqués, l'appropriation de toutes ces puissances par un petit nombre d'États ou de corporations internationales : c'est là qu'une forme de religiosité (biaisée, pourrait-on dire) intervient et fait autorité dans une grande part des représentations collectives en nous laissant croire à une certaine conception de l'histoire globale et unifiée. En revanche, là où la mondialisation a lieu, c'est pour le meilleur et pour le pire. Le meilleur dans la mesure où les discours, les savoirs, les modèles se transmettent mieux et plus vite. La démocratie y trouve donc plus de chances. À cet égard, Derrida notait que dans les pays de l'est de l'Europe, les mouvements de démocratisation furent en grande partie liés aux télé-technologies. En même temps, le *pharmakon* est à l'œuvre dans la perversion fatale des télé-technologies de l'information : elles sont autant porteuses d'un remède que d'un poison. Il est en l'occurrence extrêmement inquiétant de voir les effets de la mondialisation sur la dynamique des conflits et des guerres : la guerre des images et des discours va de plus en plus vite sur toutes les ondes, dissimulant et égarant de plus en plus vite la vérité qu'elle révèle, accélérant toujours davantage le mouvement qui substitue la dissimulation à la révélation – et réciproquement[8].

Dès lors, même si nous évoluons dans une ère de l'hyper-connexion, c'est l'accès à la raison qui se voit fragilisé dans un certain espace public que la technoscience et la mondialisation économique ont transformé de fond en comble : dans le temps comme dans l'espace, dans les rythmes et les proportions. Un principe de responsabilité éthico-politique devrait alors ici nous inciter à davantage analyser les figures de l'intolérance qui sont véhiculées par les réseaux médiatiques afin de définir

(8) Jacques Derrida, *Le « concept » du 11 septembre : dialogues à New York (octobre-décembre 2001) avec Giovanna Borradori* / Jacques Derrida, Jürgen Habermas ; trad. de l'allemand par Christian Bouchindhomme ; trad. de l'anglais (États-Unis) par Sylvette Gleize, Éditions Galilée, 2004, p. 183.

aussi efficacement que possible des ripostes, ou des actes de résistance. Les technologies doivent sans nul doute s'accompagner de résistances mais qui ne peuvent en aucun cas se réduire à des oppositions pures et simples. Derrida reconnaissait ainsi que si la concentration du pouvoir économique qui détermine en grande partie les médias, les télécommunications, l'informatisation, est dangereuse pour la démocratie, elle est en même temps une chance pour certaines dynamiques de démocratisation. Toutefois, comment répondre au danger sans annuler la chance ?

Jacques Derrida s'est bien gardé de formuler une réponse normative et générale à cette question. Un enjeu est plus subtilement de résister en inventant une forme de résistance qui ne soit pas réactionnaire, ou réactionnelle. Il s'agit d'inventer une forme de résistance dans une société de plus en plus dominée par l'incertitude et qui se montre simultanément toujours plus avide de normativité et de sécurité, ce que le sociologue Zygmunt Bauman (qui s'est d'ailleurs souvent référé à Derrida dans son œuvre) nommait des « zones de confort[9] ». C'est tout un rapport à l'autre qui se voit questionné dans un monde où si les écrans introduisent de l'ailleurs dans la sphère intime, chacun se trouve plus isolé, plus privatisé que jamais. Et

(9) Zygmunt Bauman, *Retrotopia*, traduit de l'anglais par Frédéric Joly, Éditions Premier Parallèle, 2019. Voir également : Pierre-Antoine Chardel, Zygmunt Bauman. *Les Illusions perdues de la modernité*, CNRS Éditions, 2013.

le retour au *chez-soi* est d'autant plus puissant qu'est violente l'expropriation technologique. Il se produit là un jeu dialectique qui semble avoir été fortement négligé dans la compréhension de notre époque, tandis que les vertus d'un « village global » ont été longtemps vantées par les idéologues de la société de l'information. Plus que jamais, l'horizon se referme sur le chez-soi, sur un nationalisme des minorités, à savoir un « nationalisme régional, provincial, l'intégrisme religieux, qui va souvent de pair avec lui et essaie aussi de reconstituer des États ; d'où la régression comme mouvement qui accompagne, en vérité suit comme son ombre, se confondant presque avec elle, l'accélération du processus technologique, qui est toujours aussi un processus de délocalisation[10] ». Ce sont bien de tels effets de rétroaction complexes que nous avons à affronter et à penser, en sortant de schémas binaires.

Les réseaux comme expression de religiosité

Un défi épistémologique consiste à développer un geste critique qui soit à même de prendre en compte les effets contraires et inattendus de l'expansion de la rationalité technique. Ce n'est bien sûr pas la première fois dans l'histoire des technologies, en particulier avec les technologies de l'information et de la communication, que des formes de religiosité interviennent. Ce

---

(10) Jacques Derrida, entretien avec Bernard Stiegler, *Échographies de la télévision*, *op. cit.*, p. 92.

qui a en l'occurrence beaucoup marqué l'histoire des sociétés modernes pendant les révolutions industrielles, c'est que l'émancipation des individus était associée à la capacité d'interagir, de circuler et de communiquer. On vit ainsi naître un paradigme informationnel reposant sur le modèle d'une société ouverte et transparente, comme Pierre Musso a pu le mettre en évidence, en remontant à la philosophie des réseaux de Saint-Simon, le célèbre ingénieur français du XIXe siècle, fondateur d'une « religion universelle de la communication[11] ».On pourrait également se référer à Pierre Teilhard de Chardin, prêtre et jésuite qui voyait dans la société de communication une manière de relier les sociétés entre elles, en créant les conditions d'une *noosphère*.

Même si beaucoup de vents contraires se font sentir, on est encore aujourd'hui beaucoup influencé par de telles visions qui promeuvent la transparence et la fluidité des communications. On sait en même temps que les conceptions idéalistes vantant les vertus des technologies de l'information et de communication à des fins d'émancipation sont fragiles. Car comme l'a justement noté Derrida, même au niveau de celles et ceux qui ont accès simultanément à la même séquence d'informations et qui subissent de la sorte un certain type de programmation, se laissent percevoir des stratégies de réception

(11) Pierre Musso, *Télécommunications et philosophie des réseaux*, PUF, 1998.

qui sont toujours variables selon les contextes de réception. La réception d'une information se fait non seulement depuis des lieux différents, mais également depuis des langages différents. Il n'existe donc pas une société des réseaux qui existerait comme un bloc ou un tout homogène. On est ici bien au-delà des utopies qui encadrent habituellement la société de l'information, avec ses ambivalences intrinsèques et les risques qu'elles font structurellement courir aux sociétés démocratiques. À cet égard, Derrida n'a pas manqué de s'inquiéter du caractère intrusif de technologies de la communication qui assurent aux pouvoirs politiques une ubiquité quasi absolue, en saturant l'espace public et privé, poussant à sa limite la co-extensivité du politique et du policier[12]. Le développement des technologies restructure l'espace de telle sorte que l'intériorité du chez-soi étant toujours susceptible d'être contrôlée et menacée, la police a ou peut avoir ses détecteurs dans nos téléphones intérieurs, « nos e-mails et les fax les plus secrets de notre vie privée, et même de notre pur rapport intime à nous-mêmes[13] ».
Vis-à-vis de tels régimes de pouvoir, qui alimentent désormais un techno-pouvoir, une tâche revient à tout mettre en œuvre pour mieux comprendre les mécanismes (sociaux, politiques et économiques) par lesquels la transparence et

---

(12) Jacques Derrida, *Force de loi*, Éditions Galilée, 1994, p. 107.

(13) Jacques Derrida, *De l'hospitalité. Anne Dufourmantelle invite Jacques Derrida à répondre*, Calmann-Lévy, 1997, p. 65.

la circulation des données sont valorisées dans l'organisation de nos vies, en sachant que nous adoptons le plus souvent très *religieusement* tout ce qui relève de l'innovation technoscientifique. Nous nous sentons par elle intégrés à un grand système qui a tout de rassurant, mais qui pourrait avoir pour corollaire de nous figer dans un type d'identité, en limitant la possibilité de faire intervenir le jeu de la différence dans la construction de soi, une telle expérience de l'écart étant pourtant une condition du devenir.

Or désormais nombre de possibilités technoscientifiques menacent la dynamique même de l'ipséité. Ce que l'on peut alors redouter, c'est l'impossibilité pour le sujet d'être comme un autre, à force de se voir soumis à des logiques d'identification qui referment le soi sur ce qu'il a été, ou tout du moins à ses traces numériques. On sait en effet désormais que les calculs automatisés de nos activités sur la Toile permettent à des services ou des informations de nous arriver de manière toujours plus individualisée ; cela non sans générer un risque d'exténuation de la capacité à se projeter dans des horizons nouveaux, autres. C'est sans aucun doute ici que la technoscience tend le plus à porter atteinte aux possibilités mêmes de la démocratie ; la démocratie étant une forme qui n'existe que par la possibilité de sa propre régénération : « Il n'y a pas encore de démocratie digne de ce nom. La démocratie reste à venir : à engendrer ou à régénérer[14]. » Cependant, une telle régénération n'est pas indépendante d'une faculté de mettre en cause les pouvoirs institués, d'une certaine faculté aussi d'interpréter nos environnements médiatiques et technoscientifiques. C'est là, sans nul doute, un enjeu déterminant de la déconstruction derridienne à l'ère des écrans et des marchés capitalistiques qui la sous-tendent.

Le jeu de la différence à l'ère des écrans

Là où la pensée de Jacques Derrida s'actualise avec force aujourd'hui, dans la société des écrans, c'est bien dans la mesure où elle nous apprend à voir dans tout support, qu'il soit écrit ou audiovisuel, une médiation qui doit rester pleinement ouverte à un effort de compréhension et d'interprétation. Autrement dit, si nous pouvons exprimer une certaine perplexité à l'égard de l'omniprésence des écrans dans nos vies et les simulacres qu'ils créent, cela ne concerne pas tant le déclin de l'écrit que celui d'une certaine pratique herméneutique, à savoir l'exercice lent et patient de la lecture et de l'interprétation des supports, qu'ils soient textuels ou visuels : le destin des images étant étroitement lié à celui des textes, il nécessite un apprentissage de ce qui nous est donné à voir par les écrans, les canaux d'informations étant toujours susceptibles de biaiser notre perception des faits. Il y a, à cet égard, un enjeu

(14) Jacques Derrida, *Force de loi*, *op. cit.*, p. 111.

considérable en termes d'éducation et de formation des citoyens, et des jeunes générations en particulier, car un état d'analphabétisme est manifestement répandu à l'échelle de nos sociétés qui sont amplement configurées par le règne des images : « De même que l'alphabétisation et la maîtrise de la langue, du discours parlé ou écrit, n'ont jamais été universellement partagées (bien entendu, il y avait toujours non seulement des gens qui savent lire, une grande diversité de compétences, de pouvoir, etc.), de même aujourd'hui, par rapport à ce qui nous arrive par l'image, on peut dire par analogie que la masse des consommateurs est dans un état analogue à ces diverses modalités d'analphabétisme relatif[15]. »

Le destin des images aujourd'hui, leur prévalence, leur autorité, nous imposent une attention et une rigueur dédoublées qui doivent s'exprimer dans une volonté de faire parler les images, en permettant à de nouveaux gestes critiques et interprétatifs de s'épanouir. Il y a là un enjeu éthique et démocratique majeur à l'ère de l'accélération technologique et des flux d'informations en continu. Car si des logiques de synchronisation opèrent bel et bien, nous ne pouvons pour autant céder à un quelconque fatalisme qui nous laisserait penser que nous serions définitivement sans prise face aux écrans.

(15) Jacques Derrida, entretien avec Bernard Stiegler, *Échographies de la télévision*, *op. cit.*, p. 70.

Le défi est complexe mais un certain optimisme de la volonté peut l'emporter sur le pessimisme de l'intelligence. La démultiplication des angles de perception pourrait permettre en l'occurrence d'assurer une compréhension plus complexe des événements qui nous arrivent en flux continus. La difficulté de la tâche est en elle-même une invitation à faire preuve d'une certaine inventivité herméneutique. On se souvient à cet égard que Jacques Derrida a follement contribué, surtout dans la dernière période de son œuvre, à complexifier les relations que nous entretenons, non seulement avec l'écriture, mais avec les supports médiatiques en général. Un bel article de David Zerbib, intitulé « Derrida par la face sensible des images », avait subtilement mis en évidence cette intention[16].

Dans cet hommage rendu au père de la déconstruction, les liens que ce dernier avait pu tisser avec des artistes ou des photographes y sont opportunément rappelés. Autant de talents unis par le souhait de mettre Derrida en image, lui, le penseur de l'écriture : « La présence d'artistes qui ont fréquenté, aimé, portraituré le philosophe pendant cette journée organisée autour des "derniers signaux" allumés dans les médias par Jacques Derrida avant sa disparition indique l'angle sensible par lequel aborder ces feux. Aller de la peinture aux médias en passant par la photographie, avant de revenir aux textes

(16) Je reprends ici, et dans les pages qui suivent, des éléments du chapitre 8 de *L'Empire du signal. De l'écrit aux écrans*, CNRS Éditions, 2020.

et à l'écriture, c'est appréhender les formes d'une pensée dans un parcours d'images, tout en contrastes. Comment voyait Jacques Derrida ? Comment se donnait-il à voir ?[17] »

L'une des réponses à ces questions se trouve cachée dans un souvenir du peintre italien Valerio Adami, qui s'exprima ainsi à propos de Derrida dans *Mémoires d'aveugle*[18] : « Il aimait ce tableau de Ribeira qui représente un aveugle touchant une sculpture grecque, et cette idée que fermer les yeux peut ouvrir sur une autre connaissance[19]. » En faisant résonner ce témoignage, nous aimerions poser une question sans doute quelque peu intempestive, en la faisant résonner aussi amplement que possible : est-ce que rendre compte de la face sensible des images dans la société des flux d'information ne devrait pas nous conduire à apprendre à voir en fermant les yeux ? C'est-à-dire, en détournant momentanément le regard que nous portons sur les événements du monde qui nous arrivent comme des flux irrépressibles afin de privilégier l'obscurité plutôt que la lumière. Car l'on sait à quel point la luminosité de nos écrans tend à altérer la vue, cela au sens propre comme sans doute aussi en un sens plus figuré. Il nous fau-

(17) David Zerbib, « Derrida par la face sensible des images », *L'Humanité*, 28 janvier 2005 : http://www.humanite.fr/node/299244

(18) Jacques Derrida, Mémoires d'aveugle : *l'autoportrait et autres ruines, Réunion des Musées Nationaux*, 1991.

(19) David Zerbib, *art. cit.*

drait donc choisir de fermer les yeux pour revenir à nous-mêmes, à notre silence intérieur qui conditionne notre capacité d'exercer notre jugement réflexif ainsi que notre esprit critique.

Une forme d'anachronisme se cache dans ces propositions, dans une époque où la vision du monde qui est le plus souvent défendue par les idéologues de la société de l'information postule « qu'il n'y a, en quelque sorte, rien derrière le réel, ramené à l'échange permanent et visible des informations qui le constituent[20] ». Dans une telle conception, la réalité des objets et des phénomènes naturels est entièrement épuisée dans l'information qui les constitue et qui s'échange dans un courant permanent. Cela non sans rétablir une métaphysique de la présence : le nouveau paradigme étant une pensée de la relation, qui enferme le réel dans le relationnel, et le relationnel dans l'informationnel[21]. Or vis-à-vis d'un tel paradigme informationnel, et des fantasmes que celui-ci entraîne, il est de notre responsabilité de penser notre temps autrement que par la consommation d'images et de représentations médiatiques enivrantes, en convenant du fait que des expériences de transmission seront susceptibles d'émerger par les écrans seulement si nous nous donnons pour tâche d'apprendre à mieux interpréter ce qui nous vient par eux, en tenant compte pour cela des conditions

(20) Philippe Breton, *L'Utopie de la communication. L'émergence de l'homme sans intérieur*, Éditions La Découverte, 1992, p. 37.

(21) *Ibid.*

matérielles et contextuelles de l'élaboration des images. Celles-ci étant toujours le fruit de montages, de sélections, et donc de modes d'écriture (Jacques Derrida l'exprima dans ses échanges avec Safaa Fathy[22]). Ce qui nous arrive par l'image appelle par conséquent un effort de réception spécifique vis-à-vis d'un sens que l'image médiatique seule ne contient pas. C'est non seulement la part du téléspectateur qui est à ce niveau en question, comme il était autrefois question de la part du lecteur, mais également celle du citoyen au sein de nos espaces politiques médiatisés. L'enjeu est d'autant plus crucial dans un temps où le mensonge politique n'a plus de limite. Et on peut se demander, à l'ère des flux d'informations en continu, si le concept de mensonge convient encore. Comme l'a finement exprimé à cet égard Derrida : « La difficulté pour tout citoyen en démocratie, c'est à la fois de maintenir une référence inconditionnelle à la distinction entre le mensonge et la vérité, donc de maintenir ce vieux concept, sans pour autant se priver d'instruments plus fins pour analyser la situation actuelle, renforcée par le marketing politique[23]. »

L'actualité de la déconstruction se joue sûrement ici : dans l'inventivité dont nous devons faire preuve pour forger de nouveaux outils critiques dans les transformations technologiques et politiques majeures, et dans un rythme inouï,

(22) Jacques Derrida et Safaa Fathy, *D'ailleurs, Derrida*, un film de Safaa Fathy, DVD, Éditions Montparnasse, 2008.

(23) Jacques Derrida, *Sur parole*, *op. cit.*, p. 104.

que nous vivons ; avec toute la part de non-dits que nos réalités hypermodernes recouvrent. Car partout où l'ambition télé-technoscientifique se développe, elle met en œuvre et confirme le crédit fiduciaire d'une foi élémentaire qui est au moins d'essence ou de vocation religieuse[24]. Et plus nous nous laissons subjuguer par les innovations technoscientifiques, plus nous les envisageons comme des objets dignes de foi. De même qu'on s'aveuglerait au phénomène de la religion aujourd'hui si l'on continuait d'opposer naïvement la Raison et la Religion, la Modernité technoscientifique et la Religion, on s'aveuglerait sans doute aussi, au phénomène dit « technoscientifique », si on continuait de l'opposer naïvement à la religion. L'idéalisation qui entoure le phénomène technoscientifique illustre bien cela. On peut aisément s'en rendre compte dans le contexte du développement des technologies numériques. Un certain idéalisme est même assez perceptible, à l'heure notamment où le marché des assistants vocaux se développe de manière exponentielle, avec la perspective de les voir dans un futur proche dotés d'une Intelligence Artificielle assez puissante pour simuler des conversations de plus en plus élaborées et chaleureuses, comme dans le scénario du film *Her* de Spike Jonze. On est dans cette histoire plongé dans une communication homme/machine qui repose sur le traitement de données personnelles. Cette communication est à bien des

---

(24) Jacques Derrida, *Foi et Savoir, op. cit.*, p. 68-69.

égards réconfortante et rassurante (au moins pour un temps dans le cas de Theodore, le protagoniste du film), en faisant resurgir, contre toute attente, les conditions de l'infantilisation généralisée qu'analysait en son temps Günther Anders lorsqu'il soulignait la façon dont les médias de masse étaient susceptibles de créer les conditions d'interactions avec le monde devenant toujours plus aseptisées. Il s'agissait alors de décrire la situation d'un homme qui cherche toujours à réduire au minimum la friction entre le monde et lui, en souhaitant ainsi produire un monde qui lui « aille » toujours mieux, voire parfaitement, « un monde qui aille comme un vêtement[25] ». La puissance technologique s'articulerait à une volonté de réduire les écarts entre le sujet et le monde qui l'entoure. C'est ainsi que s'exprimerait la tentation idéaliste inhérente au développement des technologies de l'information, c'est là aussi que s'affirmerait un certain régime de croyance reposant sur la fiabilité déclenchant une foi irréductible, contribuant à lier d'entrée de jeu le savoir de la communauté scientifique au faire, et la science à la technique[26].

On comprend ainsi que si la raison télé-techno-scientifique intègre une part de religiosité, ce n'est pas seulement au travers des discours qui

(25) Günther Anders, *L'Obsolescence de l'homme. Sur l'âme à l'époque de la deuxième révolution industrielle (1956)*, traduit de l'allemand par Christophe David, Éditions Ivrea, 2002, p. 223.

(26) Jacques Derrida, *Foi et Savoir, op. cit.*, p. 68.

l'accompagnent, c'est aussi et essentiellement parce qu'elle engendre un acte de foi qui génère une confiance – sans doute aveugle – que nous avons dans des innovations technologiques qui engendrent souvent plus de fascination que de compréhension.

Pour autant, l'enjeu n'est pas ici d'opposer savoir et foi, mais de bien comprendre comment certains régimes de savoir technoscientifique peuvent déclencher des formes de réaction : on est alors dans des formes d'intégrisme ou fondamentalisme, confrontées à ce que Derrida appelait des résidus, des effets de surface, qui masquent une peur de soi, une réaction contre cela même avec quoi l'on a partie liée : la dislocation, l'expropriation, la délocalisation, le déracinement que la machine technoscientifique ne manque pas de produire. C'est en ce sens que la religion d'aujourd'hui s'allie à la technoscience, à laquelle elle réagit aussi de toutes ses forces. D'une part, elle produit, épouse et exploite le capital et le pouvoir médiatique (ni les voyages et la spectacularisation mondiale du pape, ni le terrorisme planétaire ne seraient possibles, à ce rythme autrement). Mais d'autre part, elle déclare la guerre à ce qui vient la menacer. Un tel jeu de tension n'est pas sans faire écho à la manière dont les réseaux numériques peuvent intervenir dans les phénomènes de radicalisation. Si, comme l'a analysé Farhad Khosrokhavar, l'islamisation radicale procède de l'interne (une situation de précarité extrême et d'anomie sociale), elle s'accentue aussi de l'externe puisque « l'événement tel qu'il se déroule en dehors des frontières trouve des relais pour se transmettre aux acteurs jihadistes potentiels par Internet[27] ». Le Web constitue alors une force de frappe irrépressible où circulent les pulsions les plus mortifères.

Conclusion

Face à des tels enjeux, tant que nous sommes dans des appréhensions binaires, il nous est difficile de prendre la mesure des effets des technosciences sur nos modes de vie. Il nous faut surtout penser ensemble les technosciences et la religion pour libérer les questions qu'elles posent à la démocratie, à ses possibles. Tout simplement, parce que sans mise en questions, la démocratie est vouée à disparaître. Et un tel questionnement doit commencer par un travail qui consiste à identifier les motifs qui créent des effets d'idéalisation des technosciences, en sachant qu'ils sont nombreux. Nombreux effectivement sont les « techno-discours » qui nous laissent penser que nous serions dans une ère de dématérialisation. On nous vante en effet massivement à l'ère hypermoderne les vertus de l'ubiquité numérique ou de la proximité digitale. Ce registre de la présence et de la proximité est très révélateur d'une époque

(27) Farhad Khosrokhavar, *Radicalisation*, FMSH Éditions, 2014, p. 95.

où dominent une peur du vide, des errances et des incertitudes. Il s'agit ainsi de pallier l'absence par des technologies relationnelles. Mais l'impression de pouvoir nous rapprocher virtuellement les uns des autres ne dit rien de la distance qui nous sépare toujours d'Autrui. C'est sans doute à ce niveau que l'on touche paradoxalement aux richesses de la coexistence qui nous invite à sans cesse apprécier le jeu de la différence du sens qui intervient lorsque nous communiquons. Quels enjeux du point de vue de la déconstruction ? Si nous devions continuer de penser dans le sillage de Derrida ?

Un défi en termes de sécularisation consisterait à souligner la matérialité de notre ère hypermoderne, où la servitude est complexifiée par le fait même que nous n'avons plus affaire à des harnais au cuir épais, qui seraient donc immédiatement décelables, mais à des dispositifs qui échappent à notre perception immédiate. La matérialité de nos machines informationnelles ne nous apparaît que trop peu. Or même réduit et ultra-léger, un ordinateur demeure composé et bel et bien matériel. De la sorte, si la communication, l'information, la dématérialisation des échanges indiquent une nouvelle fluidité du réel qui à première vue s'est détachée de la pesanteur, dans ce semblant, « il y a de l'envoûtement[28] ». Nous interagissons en

(28) Jacques Derrida, *De l'hospitalité. Anne Dufourmantelle invite Jacques Derrida à répondre*, *op. cit.*, p. 113-114.

effet avec des technologies qui nous séduisent et nous facilitent la vie. Mais nos ordinateurs, nos téléphones mobiles, nos objets connectés, sous couvert d'ouvrir de nouveaux possibles, nous rendent complices d'une servitude qui ne dit pas son nom, du moins pas immédiatement. Avec les IA génératives, nous avons désormais conscience que si nous ne travaillons pas à mieux comprendre à partir de quelles sources les réponses à nos requêtes sont conçues, un danger serait de ne plus pouvoir exercer notre jugement critique en nous laissant également enfermer dans des sphères de données en circulation, algorithmiquement agencées, nous incitant à faire l'économie de tout effort, en vivant ainsi dans l'illusion d'avoir le monde constamment sous la main.

Décider d'être libre renvoie par conséquent à des conditions de possibilités bien réelles, car jamais à ce jour, nous n'avons sans doute été si pesamment matériels[29]. On comprend ainsi d'autant mieux le souci d'expliciter les mutations contradictoires que nous vivons avec nos écrans (qui nous suivent désormais partout dans tous les moments de notre vie) afin de faire émerger des modes d'interprétation qui soient à même de suivre l'intensité et la variété des lignes de fuite qui se dessinent encore, dans des sociétés où les individus n'ont sans doute

---

(29) Jacques Derrida, *De l'hospitalité. Anne Dufourmantelle invite Jacques Derrida à répondre*, *op. cit.*, p. 114.

jamais eu autant la possibilité (et le devoir aussi) d'inventer de nouvelles résistances « à tous les pouvoirs qui limitent la démocratie à venir[30] ».

---

(30) Jacques Derrida, *L'Université sans condition*, *op. cit.*, p. 16.

Saint-Exupéry : prince du désert

Commémoration des 80 ans de la disparition d'Antoine de Saint-Exupéry[1]

« J'ai trahi mon but si j'ai paru vous engager à admirer d'abord les hommes. Ce qui est admirable d'abord c'est le terrain qui les a fondés[2]. »

Alors que nous commémorons, ce 31 juillet 2024, l'anniversaire de la disparition d'Antoine de Saint-Exupéry, ce texte se propose – répondant ainsi à son enseignement – de retracer le lien que le poète-aviateur entretenait avec le désert, terrain fondateur de son expérience vitale, de son enseignement et de sa sensibilité littéraire.

Car si c'est en mer, au large de l'île de Riou, que son bimoteur P-38 Lightning s'abîma au cours d'une mission de reconnaissance préparatoire au débarquement de Provence, c'est bien le Sahara

(1) Antoine de Saint-Exupéry est né le 29 juin 1900 à Lyon et mort le 31 juillet 1944 en mer Méditerranée.

(2) Antoine de Saint-Exupéry, *Terre des hommes*, Livre VIII, « Les hommes », 1939.

qui fut son jardin et l'image du désert le fil conducteur traversant et reliant l'ensemble de son œuvre.

Saint-Exupéry en propose une représentation duale. D'une part, le Sahara vécu, un Sahara occidental vivant et dangereux, espace interstitiel entre océan et désert, entre Maghreb et Afrique subsaharienne. D'autre part, un Sahara central, aride et immense, qu'il n'a presque jamais survolé et qu'il érige en lieu mythique des aventures rédemptrices et de l'expérience du retour à soi.

Cap sur l'Amérique : Saint-Ex pilote

Dans *Pour une géographie littéraire* (2014), l'universitaire et critique littéraire Michel Collot analyse le processus par lequel « les écrivains reconstruisent des espaces qui transcendent leurs expériences personnelles, créant des lieux littéraires où le vécu se mêle à l'imaginaire pour offrir une nouvelle dimension de réalité ». C'est ce processus qui est au cœur de la représentation du Sahara par Saint-Exupéry.

En effet, si l'aviateur est, à n'en point douter, le grand poète du Sahara, développant à l'égard de cet espace ce que Gaston Bachelard nomme une « topophilie[3] » – amour du lieu comme refuge de l'imaginaire –, son expérience personnelle de cet espace est pourtant singulière. Elle est essentiellement fondée sur une fréquentation d'un sous-

(3) Gaston Bachelard, *Poétique de l'espace*, 1957.

espace que l'on pourrait baptiser Sahara sahélien – « sahel » ici compris au sens étymologique de *rivage*, celui que lui donnent les autochtones arabophones. C'est donc un Sahara entre mer et désert, espace de nomadisme et de commerce qui fut le théâtre principal des aventures du pilote.

C'est en 1926, lorsqu'il s'engage au sein de la société Latécoère (rebaptisée Aéropostale en 1927) sur la ligne du courrier France-Amérique que s'opère la rencontre entre Saint-Exupéry et le Sahara. Il y réside près de deux ans, en tant que chef d'escale à partir de 1927, à Cap Juby (Maroc), localité dont la toponymie indique la situation côtière et où il rédige son premier roman publié : *Courrier Sud* (1929).

Car si « l'avion nous a appris la ligne droite[4] », nous affranchissant des routes traditionnelles, l'aviation du début du XXe siècle ne permet pas encore de longues traversées. C'est donc en matelot des airs, cabotant le long de la côte atlantique, que les pilotes de l'Aéropostale descendent vers les tropiques.
C'est ce qu'indique le tracé de la ligne Latécoère (cf. carte ci-après), reliant Toulouse à Alicante, Agadir, Cap Juby, Villa Cisneros[5], Port-Étienne[6], Saint-Louis et jusqu'à Dakar, porte de l'Amérique

(4) Antoine de Saint-Exupéry, *Terre des hommes*, Livre IV, « L'avion et la planète », 1939.

(5) Désormais baptisée Dakhla dans la région disputée du Sahara occidental.

(6) Désormais baptisée Nouadhibou en Mauritanie.

et point de départ des traversées atlantiques vers Natal (Brésil) et l'Argentine. C'est à cette dernière destination qu'est affecté Saint-Exupéry, à partir de 1929, où il fait la rencontre de Consuelo, qui deviendra quelques années plus tard son épouse et sa compagne d'aventures.

En effet, pour l'Aéropostale, le Sahara n'est alors qu'une étape vers l'Amérique du Sud et l'édification de lignes postales aériennes transatlantiques. Vers ce cap, l'avion permet donc à ces postiers des airs d'éviter « les terres stériles, et épouse les besoins de l'homme allant de fontaines en fontaines[7] » que sont les différentes stations de la ligne. Ces dernières forment alors de modestes îlots dispersés dans un espace encore hostile – tel un chapelet de solitudes, le long du trait de côte.

Ainsi, Saint-Ex, chef de poste, écrit « Cap Juby n'était qu'un fortin planté dans le désert, une petite sentinelle avancée, une toute petite porte ouverte sur l'infini saharien[8] ».

Une seule expérience lui fera franchir cette porte ouverte sur l'infini saharien. Elle intervient quelques années plus tard après avoir quitté l'Aéropostale alors reprise par Air France. Le 29 décembre 1935, le pilote s'écrase à proximité de Ouadi Natroun, à la frontière égypto-libyenne, expérience

---

(7) Antoine de Saint-Exupéry, *Terre des hommes*, Livre IV, « L'avion et la planète », 1939.

(8) Antoine de Saint-Exupéry, *Courrier Sud*, 1929.

Source : BNF, issue de « Conférence de Louis Forest, 1925 : L'aviation transatlantique, pour que la France puisse être et demeurer en Amérique du Sud ».

qui fait l'objet de la partie VII de *Terre des hommes*, notablement baptisée « Au centre du désert ».

Cette confrontation avec l'espace central du Sahara est, de l'aveu même de l'auteur, une exception, et Saint-Exupéry d'introduire la partie VII par ces mots : « Le désert ? Il m'a été donné de l'aborder un jour par le cœur. Au cours d'un raid vers l'Indochine, en 1935, je me suis retrouvé en Égypte, sur les confins de la Libye, pris dans les sables comme dans une glu, et j'ai cru en mourir. Voici l'histoire[9]. » C'est dans cet espace typique que son mécanicien, André Prévot, et lui-même erreront presque sans vivres pendant trois jours avant d'être secourus par une tribu arabe. La description qu'en fait Saint-Exupéry tranche avec ses expériences passées et sou-

(9) Antoine de Saint-Exupéry, *Terre des hommes*, Livre VII, « Au centre du désert », 1939

ligne, en creux, sa méconnaissance de cet immense Sahara oriental, en quasi totale inhibition pluviométrique, qui constitue le cœur de ce désert.

Ainsi, témoigne-t-il : « Nous sommes tombés dans un monde minéral. Nous sommes enfermés dans un paysage de fer[10] » ; « Il subsiste, dans le Sahara, 40 pourcent d'humidité, quand elle tombe ici à 18 pourcent. Et la vie s'évapore comme une vapeur [...] la marche de la soif y est foudroyante[11] ».

Dans ces conditions extrêmes et uniques, on remarque une inversion des motifs traditionnels des récits sahariens de Saint-Exupéry.

Là-bas, le nomade autochtone n'y est pas une menace mais un secours, un vecteur de la solidarité universelle face à l'hostilité des éléments. « Il n'y a plus ici ni races, ni langages, ni divisions... Il y a ce nomade pauvre qui a posé sur nos épaules des mains d'archange[12]. »

La description de leur errance y prend la forme d'une expérience sensorielle totale : la chaleur qui brûle la peau, le son de « ce vent d'ouest qui sèche l'homme », la dernière goutte d'eau absorbée, la « matière gluante qui scelle les lèvres », et la vue limitée par les « crêtes », les « collines courbes » et les mirages.

---

(10) *Ibid.*

(11) *Ibid.*

(12) *Ibid.*

En somme, là-bas, rien de commun donc avec le Sahara dont il est familier : « J'ai beaucoup aimé le Sahara [...] mais ce n'était point comparable[13]. »

Ainsi, le « centre du désert » strié vécu par Saint-Ex est à l'opposé du concept d'« espace lisse[14] » que Gilles Deleuze et Félix Guattari théorisent et associent au désert. C'est-à-dire un espace homogène, continu, indéterminé permettant des mouvements libres et fluides – image d'Épinal du désert apaisé et propice au nomadisme.

Pourtant, comme on le verra, le poète-aviateur reprend ces éléments dans la représentation fictive et poétique du désert qu'il reconstruit dans ses derniers ouvrages.

Le Sahara vécu : un espace interstitiel et actif

À cette exception près, c'est donc dans le Sahara occidental, au climat rendu plus clément par la proximité à l'océan, que Saint-Exupéry forge sa fréquentation du désert et vit l'essentiel des expériences qu'il relate dans ses ouvrages.

Ce trait de côte océanique y est plus qu'un simple facteur climatique, il est l'essence et l'identité de cet Espace – car il n'est d'espace sans frontière, comme le rappelle Georges Perec dans la défini-

(13) *Ibid.*

(14) Gilles Deleuze et Félix Guattari, *Mille plateaux*, 1980.

tion qu'il propose de ce terme : « [l'espace est] ce qui arrête le regard, ce sur quoi la vue bute[15] ».

Plus que le désert, c'est cette ligne de côte que survole effectivement Saint-Ex, « ce Sahara de sable jaune mord sur une mer bleue comme un trottoir interminable[16] ». Et se multiplient les confusions entre océan et désert, entre eau et sable, entre les étoiles, les flottilles de pêche et les villages sahariens (cf. *Terre des hommes*, Livre VI, « Dans le désert »).

À l'opposé de la vision d'un espace lisse, ce Sahara côtier est un espace pleinement strié.

Du point de vue du pilote, par la ligne qui connecte les postes et structure l'espace, à l'instar de l'anecdote attribuée au personnage de Bernis dans *Courrier Sud* et relatée à nouveau dans *Terre des hommes* : « ce vieux sergent qui vivait enfermé avec ses quinze Sénégalais » dans un poste mauritanien ravitaillé tous les six mois, trop heureux d'offrir à boire à ses compatriotes « envoyés du ciel ». On notera à cet égard l'emploi par l'auteur de la métaphore marine pour décrire « ce poste de Mauritanie, aussi isolé de toute vie qu'un îlot perdu en mer ».

Par-delà les vols et les ravitaillements, les postes de la ligne sont quotidiennement connectés par des communications radio, dont la présence in-

---

(15) Georges Perec, *Espèces d'espaces*, « L'espace », 1974.

(16) Antoine de Saint-Exupéry, *Courrier Sud*, 1929.

cessante est relatée dans les récits de Saint-Exupéry. Ainsi, l'incipit et l'excipit de *Courrier Sud* prennent la forme de retranscriptions écrites, positionnées en miroir et qui encerclent l'intrigue et soulignent le primat de la mission sur les hommes : «Toulouse pour escales. Courrier France-Amérique du Sud quitte Toulouse 5 h 45. Stop.», puis : «Dakar pour Toulouse : courrier bien arrivé Dakar. Stop.»

Ces communications mettent en lumière, non pas des connexions évolutives et rhizoméliques propres aux espaces lisses, mais une structure rigide et coordonnée entre la tête de ligne (Toulouse), le point d'arrivée (Dakar) et les escales. De sorte que l'information y transite vite et efficacement : «En dix minutes, la nouvelle nous parvenait par Barcelone, par Casablanca, par Agadir, puis se propageait vers Dakar. Sur cinq mille kilomètres de ligne, les aéroports étaient alertés[17].»

Cet espace est également strié et animé par les «maures insoumis[18]» et fiers, terme générique dont Emmanuel Garnier nous apprend qu'il renvoie ici aux tribus rebelles de l'Erg mauritanien contre lesquelles combat le personnage du capitaine Bonnafous, officier méhariste des pelotons d'Atar[19]. Saint-Exupéry fait sien le motif

(17) *Ibid.*

(18) Antoine de Saint-Exupéry, *Terre des hommes*, Livre VI, « Dans le désert », 1939.

(19) Emmanuel Garnier, *L'Empire des sables*, 2018.

de la strie, décrivant « un Sahara où chaque pli du sable était riche des menaces qu'il dissimulait[20] », un lieu de conflits où la vie est en péril – à l'instar du sort de Bernis dans *Courrier Sud* tué par les maures – sur fond de rivalités franco-espagnoles pour le contrôle de cette région.

Enfin, l'espace y est strié par les bivouacs et les oasis que relient les caravanes, à un endroit où le Sahara est peu profond et moins hostile, en faisant un lieu idoine pour le commerce entre l'Afrique de l'Ouest et le Maghreb. Ainsi, cet espace interstitiel habité par des tribus nomades ou semi-nomades abrite des routes multiséculaires du commerce intra-africain, comme l'indique Laurence Marfaing dans son article intitulé « Relations et échanges des commerçants sénégalais vers la Mauritanie et le Maroc au XXe siècle[21] ».

S'y dessine une sorte de cartographie implicite du désert, qui échappe encore à la perspective allogène des Européens, eux-mêmes engagés dans une ambition de conquête et d'organisation du territoire.

Se superposent donc deux couches de striage du territoire : l'une, organique, tacite, connue des

(20) Antoine de Saint-Exupéry, *Terre des hommes*, Livre VI, « Dans le désert », 1939.

(21) Laurence Marfaing, *Les Relations transsahariennes à l'époque contemporaine*, 2003.

autochtones et fruit de siècles d'occupation de l'espace et l'autre, mise en place et structurée autour d'un chapelet de postes cartographiés et interconnectés par les moyens de la technique moderne et « institué par l'appareil d'État[22] ».

Au surplus, on notera que Saint-Exupéry – par sa mise en scène du Sahara océanique – diffère nettement des classiques de la littérature française, dans la représentation géographique et visuelle de ce désert, majoritairement centrée sur le cœur de l'empire colonial.

Chez Saint-Ex, contrairement par exemple à *L'Atlantide* de Pierre Benoit qui se déroule dans le massif du Hoggar (Algérie), point de personnage de femme fatale versant dans l'orientalisme, d'esthétisation du rôle de l'armée dans l'aventure coloniale ou de mise en scène des Touaregs – ces hommes bleus qui figurent parmi les thèmes classiques de l'imaginaire colonial.

Le Sahara de Saint-Exupéry diffère également dans son implantation géographique de celui des *Racines du ciel*, dont l'intrigue se déroule au cœur de l'Afrique équatoriale française (AEF), entre Fort-Lamy (N'Djamena) et Bangui. Romain Gary y met ainsi en scène le personnage de Morel, protecteur des éléphants, et pourfendeur de ce processus de *striage* visant à la rationalisation du territoire par l'ordre occidental.

(22) Gilles Deleuze et Félix Guattari, *Mille plateaux*, 1980.

Du Sahara réel au Sahara mythique : la construction d'un espace archétypal

Dans la dernière partie de son œuvre, écrite pendant la Seconde Guerre mondiale plusieurs années après sa fréquentation du Sahara, Saint-Exupéry développe une « géopoétique[23] » du désert comme allégorie du lieu vide et lisse, sorte de non-lieu propice à l'expérience métaphysique et au développement de son quant-à-soi spirituel.

Ce glissement était partiellement préfiguré par les réflexions qu'inspirait la fréquentation du Sahara réel à Saint-Ex pilote, telles que retranscrites dans *Terre des hommes* : « Le désert pour nous ? C'était ce qui naissait en nous. Ce que nous apprenions sur nous-mêmes. » Ainsi, le vol y est présenté comme un arrachement non pas à la terre – qu'il permet d'appréhender différemment – mais au monde, c'est-à-dire à l'espace des mondains se livrant à une vaste comédie sociale qui engage « tous les peuples du globe, avec leurs parlements, leurs sénats, leurs marines, leurs armées et leurs empereurs[24] ».

À ce drame, Saint-Exupéry oppose, selon les mots de l'essayiste Sylvain Fort[25], la foi en l'homme

(23) Concept emprunté par Michel Collot (*cf. supra*) aux poètes Michel Deguy et Kenneth White.

(24) Antoine de Saint-Exupéry, *Terre des hommes*, Livre I, « La ligne », 1939.

(25) Sylvain Fort, *Saint-Exupéry penseur*, 2024.

dans un monde corrompu, pour peu qu'il développe dans l'expérience de la solitude et dans la réminiscence de l'enfance son épaisseur morale. Ainsi, dans *Le Petit Prince*, le Sahara est présenté comme le lieu de la rêverie solitaire, loin du jeu mondain des « grandes personnes raisonnables[26] », qui est pour Saint-Ex la vraie solitude : « J'ai ainsi vécu seul, sans personne avec qui parler véritablement, jusqu'à une panne dans le désert du Sahara, il y a six ans[27]. »

En contrepoint de la littérature coloniale classique, la fuite de la civilisation n'y est pas présentée comme une expérience anthropologique de contact avec des peuples prétendument primitifs, mais comme une représentation de l'espace vierge qui nous ramène à nous-même, stimule notre imaginaire et notre « empire intérieur ».

Le Sahara ne fait plus qu'office de signifiant sans signifié, image d'Épinal de l'espace lisse et indéterminé, comme l'indiquent l'abolition de tout repère géographique précis et la métaphore océanique – espace symétrique du Sahara de l'autre côté de la ligne de côte : « Le premier soir je me suis donc endormi sur le sable à mille milles de toute terre habitée. J'étais bien plus isolé qu'un naufragé sur un radeau au milieu de l'océan[28]. »

---

(26) Antoine de Saint-Exupéry, *Le Petit Prince*, 1943.

(27) *Ibid.*

(28) Ibid. ; l'expression « mille milles de toute terre habitée » y est répétée trois fois.

Cette double indétermination – du territoire et de sa localisation –, c'est celle de la *tabula rasa* qui reste à construire, celle de la terre vierge dont a hérité l'homme à sa chute originelle… Et *Le Petit Prince* s'adressant à l'aviateur de nous rappeler à toutes et tous : « Alors, toi aussi tu viens du ciel ! » Dans cette nouvelle dichotomie, le désert ne s'oppose plus à la mer, de part et d'autre du trait de côte, mais au ciel – allégorie de la part métaphysique qui demeure dans l'Humanité blessée.

Car la foi de Saint-Exupéry n'est pas seulement placée dans l'homme seul mais dans les hommes, qui ont – comme l'indique le titre de son ouvrage – en partage cette Terre. C'est pourquoi Saint-Ex place la *Citadelle* à construire au cœur d'un désert immense et allégorique semblable à celui du *Petit Prince* – un espace lisse et indéterminé, « lieu de [notre] chute[29] ».

C'est bien à partir de cette expérience poétique et philosophique de la solitude qui régénère l'homme que peut se concevoir l'avènement de la civilisation renouvelée. Une vision de la civilisation qui, comme le rappelle Sylvain Fort dissipant tout contresens, est l'inverse du fascisme. C'est là, non pas la représentation d'une société parfaite et esthétisée comme pétrifiée, mais celle d'une société en permanent devenir et portée par un élan fondateur que Saint-Ex

(29) *Ibid.*

qualifie de ferveur, « car c'est de cette ferveur d'abord que la dorure nouvelle est née[30] ».

C'est dans cette communion à laquelle l'Humanité est appelée et non dans son expérience de pilote de l'Aéropostale qu'il faut trouver le sens de cette structure de représentation archétypale du désert, allégorie du monde à (re)bâtir.

Ainsi, le désert de *Citadelle* et du *Petit Prince* est certes aride et inculte, mais il ne suscite pas la même expérience sensorielle angoissante que celui de *Terre des hommes*, à l'instar du pilote du *Petit Prince* s'endormant calmement près de son épave, tandis que celui de *Terre des hommes* se bat pour la vie.

Plus de « maures insoumis », de villages et d'échanges commerciaux, mais une neutralisation de la temporalité qui complète celle de l'espace et transgresse les codes du récit d'aventure : « Tu crois qu'ici une caravane se hâte ? Laisse couler vingt siècles et reviens voir ![31] »

On touche ici à l'essence du projet poétique de Saint-Exupéry, résumé par la célèbre phrase issue du *Petit Prince* « on ne voit bien qu'avec le cœur, l'essentiel est invisible pour les yeux ».

Un renoncement à la géographie, à l'espace réel, au profit du développement d'un rapport

---

(30) Antoine de Saint-Exupéry, *Citadelle*, 1948.

(31) Ibid.

réenchanté au monde, à l'instar du dessin enfantin consigné dans *Le Petit Prince* auquel est associée l'injonction suivante : « Regardez attentivement ce paysage afin d'être sûrs de le reconnaître, si vous voyagez un jour en Afrique, dans le désert. Et, s'il vous arrive de passer par là, je vous en supplie, ne vous pressez pas, attendez un peu juste sous l'étoile ! »

Injonction donc à ralentir pour occuper différemment notre espace quotidien et pour se donner le temps de la rêverie : « Si alors un enfant vient à vous, s'il rit, s'il a des cheveux d'or, s'il ne répond pas quand on l'interroge, vous devinerez bien qui il est. »

Le désert n'est pas au Sahara

Ainsi, la vraie sécheresse est la « sécheresse de cœur[32] » – effet indésirable et imprévu de la modernité qui a amené les hommes à « négliger l'Être » sur l'autel d'une existence rationalisée, désabusée et, en définitive, dévastatrice.

Car c'est bien dans les « caves de l'oppression » de l'Europe occupée, dont parle Saint-Exupéry dans *Lettre à un otage*, que se développe la dernière partie de son œuvre.

Face au crépuscule des démocraties défaites par la barbarie nazie, le poète-écrivain nous

---

(32) Antoine de Saint-Exupéry, *Pilote de guerre*, 1942.

appelle à l'œuvre de refondation de la civilisation nouvelle et revitalisée.

Et c'est pour décrire cette Europe captive que Saint-Ex utilise pour la dernière fois la métaphore du désert. Un désert silencieux n'offrant « à perte de vue, qu'un sable uniforme », comme un long hiver tombé sur la France. À ce silence de l'Occupation s'oppose le faux silence du Sahara réel, espace « à la musculature secrète et vivante [où] un silence même n'y ressemble pas à un autre[33] », donnant à Saint-Exupéry l'occasion d'une de ses plus belles descriptions :
« Il est un silence de la paix quand les tribus sont conciliées, quand le soir ramène sa fraîcheur et qu'il semble que l'on fasse halte, voiles repliées, dans un port tranquille. Il est un silence de midi quand le soleil suspend les pensées et les mouvements. Il est un faux silence, quand le vent du Nord a fléchi et que l'apparition d'insectes, arrachés comme du pollen aux oasis de l'intérieur, annonce la tempête d'Est porteuse de sable. Il est un silence de complot, quand on connaît, d'une tribu lointaine, qu'elle fermente. Il est un silence de mystère, quand se nouent entre les Arabes leurs indéchiffrables conciliabules. Il est un silence tendu quand le messager tarde à revenir. Un silence aigu quand, la nuit, on retient son souffle pour entendre. Un silence mélancolique, si l'on se souvient de qui l'on aime. »

---

(33) Antoine de Saint-Exupéry, *Lettre à un otage*, 1943.

Et l'auteur de conclure, « le désert n'est pas là où l'on croit ».

Le vrai désert est dans les cœurs, dans les temps où l'obscurantisme empêche que plus rien ne pousse à l'instar de la métaphore clivée de la graine qu'étudie Aurélien d'Avout d'Auerstaedt dans sa thèse de doctorat[34]. Dans ces « semences gelées par la neige de la présence allemande[35] » que l'auteur veut, par la force de son exhortation, faire germer pour atteindre des « vérités neuves », telles ces « graines qui ne mourront point » qu'évoque Saint-Ex quelque part dans le désert de *Citadelle* (rédigée à la même époque).

Ainsi, Saint-Exupéry est, comme l'écrit Sylvain Fort, « bien plus qu'un écrivain de l'aventure ». Poète du désert, il l'est, plus encore, de l'Humanité nouvelle qu'il voit advenir et appelle de ses vœux. Transcendant les espaces qui lui sont donnés de fréquenter, il les fait siens, les habite de son imagination et nous propose une rêverie de pilote, dont la solitude enfantine le reconnecte au monde.

Et pourtant, il y a quatre-vingts ans, ce n'est pas dans son désert du Sahara, mais bien en mer, que le pilote disparaissait. Au large d'une France

(34) Intitulée *Le Territoire recomposé. Conscience géographique et expériences de l'espace dans les récits de la France défaite (1940)*, soutenue en 2020.

(35) Antoine de Saint-Exupéry, *Lettre à un otage*, 1943.

qui lui était devenue étrangère par la malédiction d'un exil forcé et qu'il contribua – par ses missions comme par ses livres – à libérer de sa longue captivité.

JEAN-BAPTISTE **SEMERDJIAN**

Les amants invisibles

« Quiconque nous parle de sa solitude nous parle de nous. L'homme a ses sous-bois, où personne ne s'aventure, pas même lui, mais qui sont là : la nuit de l'enfance, les échecs, les renoncements, le brusque émoi d'un nuage au ciel. »

Préface de Simone de Beauvoir à
La Bâtarde de Violette Leduc, Gallimard, 1964.

« Il en coûte trop cher pour briller dans le monde.
Combien je vais aimer ma retraite profonde!
Pour vivre heureux, vivons caché. »

Jean-Pierre Claris de Florian,
« Le Grillon », in *Fables*, 1793.

I
Janvier bleu-gris

Cela faisait des semaines qu'elle ne le supportait plus. Le frôlement de ses jambes quand ils se couchaient, son humour, ses baisers… tout n'était qu'une torture muette. C'était épidermique : son être ne voulait plus du sien.

Un soir bleu-gris de janvier alors qu'il lui avait arraché un dernier « je t'aime » avant de se coucher, elle avait trituré ses entrailles pour comprendre son soudain désamour. S'était-elle aveuglée ? Était-ce vraiment si soudain ? Qu'avait-elle fait de mal ? Comme toujours, elle cherchait où était sa culpabilité et oubliait que l'être ronflant de 35 ans à côté d'elle n'avait pas su cultiver l'alchimie d'une vie à deux. Cela semblait trivial, mais la vie commune est une dentelle de détails dont il n'incarnait plus que le vide entre les broderies. Il ne faisait jamais le ménage, ne payait jamais les courses, parlait de son travail continuellement, semblait jaloux quand sa carrière à elle avançait, ne voulait jamais voir sa famille, imposait toujours ses parents, fouillait dans son ordinateur quand elle sortait sans lui, se moquait de ses « copines débiles », lui avait annoncé fièrement ne pas vouloir d'enfant le soir de leur dernière Saint-Valentin. Pourtant, elle s'astreignait une responsabilité dans sa nullité, convaincue qu'elle aurait pu communiquer, l'aider à changer avant d'atteindre l'irréversible. Maintenant, elle voulait qu'il disparaisse de sa vie quoi qu'il en coûte. À 29 ans, après cinq années de vie commune, elle devait s'évader, activer le siège éjectable, regagner sa liberté, bannir ce sentiment de culpabilité qu'il lui imposait pour tout et rien.

Elle dormit très peu cette nuit-là, et se cacha sous la couette pour sentir au minimum son baiser du matin, puis se fit porter malade pour préparer la rupture. Elle lut des forums, regarda même un tuto en portugais sous-titré sur YouTube. Elle pleura aussi, de peine, quand sur un chat une femme racontait que son mari l'avait frappée le jour où elle avait voulu quitter le domicile conjugal. « Prévenez vos voisins, vos amies, c'est un moment où vous êtes en danger, les filles », ajoutait une internaute. Elle prévint sa mère à Londres, sa gardienne et moi, le meilleur ami de son futur ex. Pourquoi ? Je ne sais pas, mais je promettais de ne rien dire, et d'être disponible dans la nuit.

Avant qu'il n'arrive comme tous les jours en soufflant de sa journée de labeur dans le long couloir qui reliait la porte d'entrée au salon, elle avait écrit sur un papier ce qu'elle aimait et ce qu'elle abhorrait chez Gabriel. Elle suivait le conseil d'une psychologue canadienne qui envisageait cette énumération comme un message envoyé au futur. « Un jour, vous regretterez cet être aimé, c'est sûr, alors vous ressortirez ce morceau de papier et les doutes s'évaporeront. » Des larmes perlaient sur ses cils durant l'écriture, tant elle trouvait cette situation injuste pour lui, mais pas une seconde elle ne douta. « Demain, je serai libérée », se disait-elle.

La porte s'ouvrit, et comme prévu, il souffla. Dans le salon, il vit la femme qu'il aimait depuis cinq ans avoir son regard des mauvais jours. « Quelqu'un est mort ? », demanda-t-il. « Nous, mon amour. » Et à peine assis, elle se confia, oscillant entre larmes, tremblements, rires nerveux, mains sur le visage, nausées. Son visage se contorsionnait, il encaissait les reproches, ne disait rien, fumait parfois une cigarette à la fenêtre, tournait la tête pour éviter de montrer les larmes striant ses joues. Son corps s'affaissait au fil du discours intelligent et ciselé qu'il entendait. Elle avait toujours été plus intelligente, plus vive, plus belle. Elle avait fait de meilleures études. Lui, être lourd, plus vieux, barbu, ronchon, laborieux et susceptible. Il avait continuellement l'impression que rien n'était facile et voyait l'unique réussite de sa vie s'évanouir sans prévenir. Que pouvait-il lui répondre ? Il savait qu'elle avait raison. Il le savait très bien et depuis bien longtemps, mais quelque chose le retenait comme toutes ces fois où il ne se maîtrisait plus, fouinait dans ses affaires, s'en voulait immédiatement, mais n'arrivait jamais à s'expliquer. « Je ne t'aime plus. Nous ne sommes pas programmés pour vivre ensemble », lui avait-elle dit avant qu'ils ne baissent tous les deux leur regard vers leurs mains qui s'agrippaient entre elles par réflexe.

Là, au 4e étage de cet immeuble en briques rouges des années 1920 dans le 18e arrondissement d'une ville si romantique, deux êtres pas si méchants, sûrement maladroits, naïfs et idéalistes mettaient fin à une jolie histoire qui les avait unis. Le quotidien avait tout détruit et tout révélé. Aurait-il pu changer ? Aurait-elle voulu être cette personne dans leur couple, une sorte de thérapeute ? Était-elle trop jeune à leurs débuts ? Peut-on se transformer pour l'autre ? Seraient-ils tombés amoureux de l'être idéal ? Peut-être qu'il n'y a pas d'amour, que des preuves d'amour, mais, certainement, je vous le dis, il y a des preuves de désamour.

Éreintés par cette bataille, ils dormirent une dernière fois ensemble. Il avait peu bataillé car il reconnaissait tout, et savait qu'elle était une femme décidée, jamais hâtive. « Alice m'a quitté. Ne m'appelle pas. Je suis très triste. Peut-on se voir demain ? », m'écrivit-il. « Prends soin de lui. Ça a été très dur », m'envoya-t-elle. Malgré les trombes de pluie de cette nuit-là, la gardienne n'eut pas besoin de recevoir un message de cette jolie voisine qui a une bonne situation, elle avait tout suivi avec son mari en écoutant les discussions résonner dans la cour de l'immeuble.

Alice dormit très peu, Gabriel aussi. L'un à côté de l'autre. Elle riait à nouveau à toutes ses blagues et se lovait dans ses bras. Leurs mains s'entremêlaient. Ils allaient se manquer. Il ne pleuvait plus, et les deux anciens amoureux étaient devenus deux personnes soudées l'une à l'autre. C'était le déni, leur première étape du deuil.

II
Février jaune

Cinq semaines étaient passées depuis leur rupture. Ce soir-là, j'avais dîné avec Gabriel à une terrasse. Emmitouflés, nous avions dégusté des huîtres en regardant la faune des Abbesses. Alice et Gabriel avaient rapidement rendu leur appartement, clôturé leur compte commun, changé les codes de Netflix. Elle avait emménagé dans l'appartement quasi vide de sa mère, au fin fond du 8e arrondissement. La sexagénaire vivait la majeure partie de son temps à Londres avec un homme qu'elle avait rencontré après le décès de son mari une dizaine d'années plus tôt. Gabriel, lui, avait trouvé une colocation avec des étudiants entre la gare du Nord et la gare de l'Est.

Gabriel accusait le coup. Sa vie avait perdu de son sens. Jamais il n'aurait imaginé être largué si brutalement. C'était un choc. Son scepticisme envers l'humanité s'était accru. « Je n'arrive pas à les comprendre. Mais que veulent-elles ? J'étais pourtant à l'écoute. On partait en vacances. J'avais toujours l'impression de faire ce qu'elle voulait que l'on fasse. Je ne sais même pas ce qu'elle me reproche. Enfin, si, je sais, mais c'est futile. Ça se change. Si seulement, elle m'avait parlé... se désolait Gabriel. Mais je n'arrive pas à m'enlever de la tête qu'il y a un autre mec. » Je le regardais en souriant, le prenais dans mes bras en lui disant que ça allait passer. Il devait se soumettre à la terrible loi des équivalences temporelles de l'amour : X années de relation valent autant de mois d'abattement. Je lui avais aussi conseillé de voir un psychologue pour apprendre à mieux se connaître. « Ça va me rendre encore plus triste, répondit-il. J'en ai marre de pleurer le matin en me levant. En plus, je sens monter doucement une haine contre elle. Elle m'a brisé injustement.»

Vers minuit, Gabriel disparaissait dans la nuit sur son vélo gris à pignon fixe. Malgré mon entrain, il n'avait pas le cœur à continuer la noce. Sur la route du retour, je croisais Luc. Fêtard invétéré et figure de Pigalle, le trublion m'avait emmené aux *Merveilleuses*, un club bien connu du quartier. Nous y étions entrés en doublant une vingtaine de personnes. Les gros bras à la porte étaient de vieux amis de la nuit. Le temps s'était alors accéléré à cause des shots de rhum dont Luc me rassasiait, et vers 3 heures, je flottais dans une brume dansante, éthylique et chaleureuse. Je regardais la foule et les spots slalomant sur la marée désarticulée et rythmée. Je me souviens qu'il passait *Apeshit* de Beyoncé et Jay-Z. Fermant les yeux pour me reposer et profiter des beats, j'avais rouvert les écoutilles avec Alice à deux mètres de moi. Son corps félin vibrait parfaitement, et suivant son visage parfait, ses cheveux flottaient autour d'elle. Pour la première fois de ma vie, je la regardais comme une femme désirable, et non comme une amie d'ami. Je pouvais me le permettre. Elle ne me voyait pas, mais j'avais l'impression qu'elle ne dansait que pour moi. J'avais envie de la saisir tendrement, d'embrasser son cou lisse, puis grimper et conquérir sa fine bouche, pour ensuite nous extraire d'ici avec un treuil relié à un hélicoptère qui nous mènerait sur une plage sauvage. Nos deux corps s'entendraient, je n'en avais aucun doute. Le scénario était joli, mais irréalisable. Et déjà – ce fut le début – je me sentais coupable.

Alice fixa ses iris jaunes sur moi, me sourit et me prit dans ses bras. Elle avait certainement autant bu que moi. Sentir son corps contre le mien renforça mes émotions. Son regard intense semblait se troubler. « Tu as eu le mauvais rôle, Alice. On l'a tous déjà eu, c'est la vie. Tu as tout bien fait, même si c'était brutal, tu as été sincère », lui dis-je avant même qu'elle n'ouvre la bouche. Elle me remercia en plissant ses jolis yeux et me raconta que la vie de célibataire était autant le paradis qu'une jungle. « Les mecs, vous êtes graves quand même ! Je ne connaissais pas, moi, tous ces gens, tous ces codes, j'étais tranquille dans ma petite relation », riait-elle. Plus elle se confiait, plus je mourais d'envie de l'embrasser. Elle m'avait pris la main pour aller au fumoir. Je n'avais jamais vraiment touché sa peau. Elle était avec des copines, et ne voulait pas que l'on nous voie. Déjà, il fallait se cacher. Au fumoir, nous avions dansé en fumant, nos visages se frôlaient. « Je me sens coupable là ! C'est déjà beaucoup trop », lui dis-je avant que Luc me prenne par le bras pour aller dans les backrooms du club. L'ombre d'Alice avait disparu et Luc me présentait à des milliards de personnes. Il y avait de la fumée partout, les tables étaient poisseuses, j'accusais le coup du rhume et d'Alice. Elle me manquait déjà. J'étouffais. « Je me tire », criais-je dans l'oreille de mon ami qui voulait absolument me présenter une starlette. Je fendis la foule avec le secret espoir de retrouver Alice à la sortie.

L'air frais et hivernal du petit matin me ramena à la vie, loin de l'atmosphère moite du club. Mon téléphone n'affichait aucun message. Et puis, Alice n'avait même pas mon numéro. Une force me poussa cependant à m'adosser contre un SUV Mercedes devant l'établissement pour fumer une cigarette. Mon paquet de blondes avait été cambriolé par Luc, et un des gros bras m'en fila une, tout en me parlant de ses deux fils qui rêvaient de ski nautique pour les grandes vacances. Petit miracle, Alice sortit. Le temps jouait en ma faveur. Elle se planta devant nous et rejoignit notre discussion sur les sports aquatiques, puis bras dessus bras dessous, nous nous éloignâmes pour conquérir la quiétude nocturne. Le bruit de ses talons résonnait entre les façades haussmanniennes. Quelques moineaux matinaux sifflaient dans le vent.

Je ne sais pas de quoi nous avions parlé, mais je me souviens d'avoir beaucoup ri tout en étant fouetté par la culpabilité qui, malgré l'alcool, persistait. Je ne sais pas, non plus, ce que l'on s'était promis, mais je me souviens qu'elle pensait trouver un taxi vers chez moi tout en craignant ouvertement de rester avec moi. Et je ne sais plus comment, mais elle s'était retrouvée dans mon lit portant mon sweat-shirt préféré. Nous tremblotions un peu. « Alice ? C'est normal cette situation ? demandais-je. Et très honnêtement, j'ai envie de t'embrasser, là ! » Elle répondit d'un très simple : « Tu en as envie ? » Ce n'était pas une plage sauvage et il n'y avait aucun hélicoptère, mais, comme je l'imaginais, d'abord timidement puis harmonieusement, nos corps se sont entendus.

III
Mars blonde

Un fin rayon de soleil filtrait entre les maigres nuages et s'étirait sur nos deux corps. Des pigeons roucoulaient dans la cour de l'immeuble, et leurs claquements d'ailes faisaient office de réveil. Alice me regardait. Je lui souriais en caressant son visage. Cela faisait plusieurs semaines maintenant que nous passions du temps ensemble. La clandestinité de notre relation la rendait encore plus intense.

Le lendemain de notre première nuit ensemble, nous avions dessiné trois scénarios. Le premier consistait à s'entendre sur le fait que c'était une erreur, et que la morale était plus forte que tout, qu'au nom du bon sens partagé, l'ex-compagne ne pouvait coucher avec le meilleur ami. Le deuxième scénario, plus vicieux, se résumait à camper la première position en ajoutant la possibilité de se revoir si le hasard le provoquait. Le troisième, plus franc, consistait à se fréquenter, n'en parler à personne et voir ce que tout cela donnerait. Elle avait dit qu'elle allait réfléchir. C'était un samedi matin, et le samedi soir déjà, nous nous retrouvions dans un club de la rive gauche. On ne s'était même pas cachés pour nous embrasser. Dans le fumoir, elle me prenait la main qu'elle posait sur sa cuisse pendant que deux Allemands filiformes voulaient la faire danser comme une étoile. «Toi as beaucoup de chance, disaient les Berlinois. Elle, c'est ton destin.» Nous étions rentrés ensemble en nous embrassant sur le pont des Arts. Les scénaristes de comédies romantiques n'auraient pas fait mieux… Devant son immeuble, elle m'avait refusé l'entrée, rongée par la culpabilité. Je n'avais pas voulu lui demander ses raisons. Elle devait réfléchir, et ne voulait même plus me prendre dans ses bras. «C'est déjà très compliqué comme ça, m'avait-elle lancé. N'en rajoute pas!» J'étais rentré à vélo sans avis, un peu perdu dans ces scénarios, me disant qu'il fallait laisser du temps.

La semaine suivante, je l'avais retrouvée après un dîner vers la place de la République. J'avais conservé une certaine aigreur de ses refus. Certes, Gabriel était au fond du trou, mais ça ne changeait rien que nous nous voyions. «La vie est légère. On ne va pas se prendre la tête. Tu ne veux pas. Je comprends très bien, mais alors il faut s'éloigner l'un de l'autre, c'est ainsi, lui disais-je. C'est dommage car la jungle est éreintante, et nous nous connaissons bien, mais nos culpabilités ne sont pas infondées.» Elle m'avait raccompagné, puis avait finalement passé tout le week-end avec moi. Nous évitions le sujet, faisant de ce moment notre bulle.

Un autre soir, alors que nous dînions chez elle, elle m'avait confronté en disant que ça ne mènerait à rien, que je lui rappelais trop son passé. J'avais quitté l'appartement rapidement et appelé Gabriel, décidé à tout lui raconter, mais, finalement, ce cher ami m'avait répondu qu'il avait rencontré une Espagnole grâce à Tinder, et qu'il n'aurait pas le temps pour une conversation au téléphone. Il avait raccroché hilare. Je ne pouvais me plaindre auprès de personne de mes petites histoires de cœur, mais il venait de me donner une excellente nouvelle. En raccrochant, je lisais un message d'Alice me demandant de revenir si je n'étais pas trop loin. Sur le pas de sa porte, je lui avais annoncé la nouvelle, nous avions alors décidé d'arrêter ces simagrées entre nous. Depuis ce jour-là, nous étions des amants invisibles, mais très amoureux. Quelques semaines avaient suffi pour tisser la complicité imperceptible des gens qui s'aiment.

Ce matin-là, avec ce filet de lumière, j'avais eu envie de sortir avec elle, de ne plus nous cacher la nuit, montrer au grand jour les corps de notre amour, mais des ongles crochus avaient enserré mon estomac. C'étaient les griffes de la culpabilité. Et si on nous voyait? Je serais incapable de me défendre, accablé par ce que pourrait penser Gabriel. Il ne méritait pas ça. J'avais passé trop de temps avec lui à le consoler pour n'être, finalement, qu'un traître. Il faisait pourtant si beau et chaud en ce début de printemps. Nous aurions été charmants sur les bords de la Seine à nous raconter des histoires, et nous moquer des touristes. « J'aimerais tellement prendre l'air avec toi, mais je n'y arriverai jamais », avouais-je. « Oui, je comprends, mais il est de nouveau en couple maintenant, me disait-elle en passant sa main dans mes cheveux. « Sa vie continue, et puis, je n'appartiens à personne ! Je ne suis pas sa possession. Je suis libre de tous les hommes de ma vie. Imagine si tous nos ex nous surveillaient ! » Elle avait raison, mais on allait nous juger, et j'avais peur de Gabriel. Sous ses airs sympas, il pouvait se montrer terrible, allant jusqu'à ruiner ma carrière. Elle avait ajouté avec sa sagacité légendaire : « Si tu as autant peur de lui, alors ce n'est peut-être pas autant ton ami. »

Je m'étais retourné dans son lit, un peu vexé, et avais fixé les moulures en arabesques au plafond. Je me souvenais d'une citation de Jacques Lacan disant : « Ce que l'on ne peut pas nommer n'existe pas. » Faut-il forcément se montrer pour s'aimer ? Faut-il forcément des preuves d'amour pour aimer l'autre ? Ceux qui se montrent s'aiment, alors ceux qui ne se montrent pas, ne s'aimeraient-ils pas ? Se montre-t-on comme une affirmation de soi, presque comme un trophée d'être aimé et de l'être aimé ? Tout cela sonne tellement superficiel pour quelque chose d'éminemment personnel. Ce sont les autres qui nous imposeraient des preuves ? Oui, mon amour pour Alice, j'aurais très bien pu le garder juste pour moi… Il n'y a que les amours de jeunesse qui flamboient dans leur solitude, me dis-je en me rappelant avoir été amoureux transi en quatrième d'une Esther de terminale, sans lui avoir jamais adressé la parole. Alice avait tenté de la retrouver sur Google, mais rien, même sur LinkedIn ! « Tu l'as certainement vraiment aimée, mais elle n'existe même plus ta blonde ! Que dirait ce cher Lacan ? Cet amour a-t-il existé si personne ne peut le prouver et que même le corps a disparu ? », riait Alice.

IV
Avril vert bronze

Gabriel souffrait de l'absence d'Alice. Plus il parlait d'elle, plus j'aimais et brûlais de retrouver son ex. J'avais l'impression de la connaître depuis toujours en écoutant Gabriel pleurer sur son sort. Un samedi soir, nous avions décidé de passer du temps ensemble dans sa coloc. « Tu verras, ils sont très sympas », m'avait-il dit. Effectivement, les « étudiants », comme il les appelait sans jamais les dissocier, étaient charmants. Ils venaient tous les deux de Lorraine et étudiaient le droit et l'art à la Sorbonne. Ils étaient amoureux de leur chargée de TD en droit public, et rivalisaient de stratagèmes pour lui plaire. Ils étaient drôles, naïfs, et bons camarades avec ce coloc trentenaire grisonnant qui traînait de la patte dans les couloirs pendant qu'ils révisaient.

Nous avions joué à la console puis pris l'air sur le balconnet vert bronze. Il était tard, nous avions enchaîné les bouteilles de bière et regardions passer les voitures dans cette rue venteuse peuplée d'épiceries turques.

Gabriel soupirait et se demandait comment il allait surmonter toutes ces années de vie devant lui. Il était usé, mais se rattrapait à une chose, qui était devenue son obsession : qui était l'amant d'Alice ? Il en était certain, elle était partie pour un autre. Gabriel n'arrivait pas à concevoir qu'elle ait pu le quitter sans avoir mieux ailleurs. En ressassant, il m'avait avoué avoir démarché une agence de détectives privés pour pister Alice. Il voulait savoir. « C'est très simple, hein, tu files 500 balles au gars, il t'envoie des photos tous les soirs et te dit ce qu'elle fait pendant deux semaines, mais pas d'adresse car c'est illégal, disait-il en expirant sa bouffée de tabac. Je m'en fous de l'adresse, moi je veux connaître le bâtard qui me l'a volée. Ça commence lundi, on verra bien. » J'avais ri en lui demandant des détails croustillants sur sa barbouze à 500 euros. « Ça ne va pas changer grand-chose, hein. S'il y a une coupable, c'est elle, et pas cette hypothèse de mec ! » Il avait grommelé quelque chose et j'étais rentré chez moi à pied en prévenant Alice que nous allions devoir être sur nos gardes.

V
Mai beige

Par chance, mon voisin avait déménagé et Alice le remplaçait. Elle avait d'abord hésité, puis s'était convaincue que ça en valait la peine, ne serait-ce que pour se voir sans être épiés. En une matinée, elle s'était installée à côté, et une porte de service nichée au fond d'un placard beige avait été désincarcérée entre ces deux anciennes chambres de service. Nous ne vivions pas ensemble, mais l'un à côté de l'autre. J'avais prévenu le gardien de prendre le courrier pour elle sans afficher son nom sur le tableau à côté des boîtes à lettres.

Parfois, et elle le savait, je collais mon oreille à cette porte pour entendre les conversations avec ses copines et comment elle mentait sur sa situation personnelle. « Je fais une grève des hommes pour le moment ! Gabriel, c'était beaucoup, et même si ce fut une libération, je suis éprouvée. Apparemment, il a même payé des gens pour me suivre car il est sûr que j'ai un nouveau mec... Franchement, j'ai envie d'être tranquille », leur disait-elle avant de les écouter déblatérer leurs histoires professionnelles. Je trouvais Alice si patiente avec ses amies égocentriques qui parlaient de leurs « mômes » moches et de leurs « amoureux » pas très fidèles. Je gloussais à l'avance en me réjouissant déjà de débriefer ces longues heures avec ma chère colocataire.

Deux fois, elle avait invité un mec pour donner le change quand ses copines la forçaient à voir « machin-truc-super-mignon ». Pareil, j'écoutais la conversation, mais avec le cœur qui battait plus vite. Le premier était assez ridicule de lourdeur, le deuxième, plutôt sympa. Comme quoi, les hommes ne sont pas toujours si médiocres. Heureusement, après ce « dernier verre », elle raccompagnait chaleureusement l'individu et nous nous retrouvions ensemble derrière notre petite porte. Par précaution, j'avais retrouvé les deux individus sur Internet et les avais photographiés via l'œilleton.

VI
Juin blanc

Ses 40 m^2 étaient très blancs et fleuris. Elle n'était pas une reine du ménage et du rangement, préférant des fleurs mourantes à une orchidée qui ne refleurira jamais. Alice avait installé une table basse face à la fenêtre qui donnait sur le métro aérien. Je tirais toujours les rideaux en imaginant que l'on puisse nous voir depuis la ligne 2. Mes 40 m^2 étaient plus sombres, donnant sur la rue perpendiculaire, une ambiance plus industrielle, avec un grand écran dans le salon.

Tous les soirs, nous cuisinions chez l'un ou l'autre. Pour rire, nous passions par le palier pour faire une « visite surprise ». Nous aimions tendrement nos chambres à nous autant que le lit que nous partagions.

Le week-end, quand je buvais trop et que je revenais titubant, elle m'accompagnait sur mon lit, restait avec moi en écoutant le récit épuisant de ma soirée, puis regagnait son aile pour me laisser cuver.

Mon amitié indéfectible pour Gabriel disparaissait, engloutie par la boulimie de notre amour naissant. Pourtant, Gabriel devenait un de nos sujets de conversation, parfois de blague. Pour l'embêter, je sonnais quelquefois à l'interphone en disant « C'est Gabriel ! ». Un autre jour, je lui montrais les messages désespérés qu'il m'envoyait. Je n'arrivais pas à lui cacher tout ce qu'il me racontait. Cela ne faisait du bien à personne, mais j'avais besoin d'en parler à quelqu'un, et ça permettait à Alice d'avoir des nouvelles de lui.

Plus les semaines passaient, plus je me réjouissais de rentrer chez moi, chez nous, et la voir. Ce double logement était peut-être la solution à la vie en couple. Nous étions les amoureux derrière les murs, qui s'aimaient autant qu'ils s'enlisaient, bercés par la douce et vénéneuse fièvre de la clandestinité.

VII
Juillet vert

Un soir, Gabriel vint dîner. Je ne pouvais soudainement refuser qu'il vienne me rendre visite comme il le faisait depuis toujours. J'avais même repositionné notre dernière photo de vacances commune. Il me parlait beaucoup de Monica, bien sûr, mais Alice lui manquait terriblement. C'était dur. Ses mots ténébreux et encore amoureux troublèrent l'oreille attentive qui écoutait derrière la petite porte. « Monica me plaît, mais Alice me manque si souvent, me disait-il un peu honteux. Dès que je passe dans une rue, que j'entends une de nos musiques, je pense à elle, à son regard, à son humour. Tu sais, la beauté, c'est bête, mais on s'y habitue, en revanche, l'intelligence, la curiosité, la vivacité, c'est une découverte de tous les jours. Si seulement elle avait pu me dire ce qui n'allait pas, j'aurais fait des efforts. La psy dit que j'aurais été incapable de l'entendre… Peut-être, mais aujourd'hui, je serais prêt pour elle. Mais, mais… On a été bêtes comme tant d'autres. C'est la vie. Tu as des nouvelles d'elle, toi ? » Bien sûr, je répondais que j'avais coupé tous les ponts, mais, quand il fut parti, en ouvrant la porte, je retrouvais mon étrange colocataire, reniflant, devant sa fenêtre à regarder les métros vert et blanc se faufiler. « Il a raison. J'aurais pu nous sauver. Il aurait fait de son mieux, même en vain, mais au moins, j'aurais su. Maintenant, c'est trop tard, c'est comme ça. Je dois vivre avec. Je dois porter ma culpabilité et assumer notre clandestinité à nous, nos mensonges de tous les jours », marmonnait-elle. « Oui, tu as raison mon joli amour. C'est comme ça, mais ça va aller, nous sommes ensemble », lui disais-je en la prenant dans mes bras. Nous avions passé la fin de soirée dans cette position à regarder les rames de tôle se croiser, marquant à leur manière le temps qui passe irrémédiablement.

Cette période heureuse fut marquée par cet épisode et l'injonction de plus en plus pesante que nous ne pouvions rien faire ensemble en dehors de notre appartement, qui lui-même portait les stigmates de notre mensonge. Et, malgré notre promesse de tout nous dire, lentement le sujet devint de plus en plus lourd. De proche en proche, je commençais à ne plus lui parler de Gabriel. Nous nous retrouvions la nuit partout dans la ville, mais ne pouvions jamais aller dans un restaurant, un bar, un théâtre, un cinéma… Nous ne devions jamais sortir ensemble à cause des espions, et, pour rien au monde, ne devions parler de notre couple aux autres. Ce qui était un jeu au début devenait doucement notre supplice. Nous mentions continuellement, notre porte secrète s'ouvrait de plus en plus tard. Les deux appartements se cadenassaient, sauf le soir pour dormir ensemble. Morphée continuait de nous unir.

VIII
Août noir

Un soir, alors que je rentrais tout juste, on sonna. Je découvris Alice avec son regard des mauvais jours derrière ma porte d'entrée. « Quelqu'un est mort », lui demandais-je ? Elle ne répondit pas et entra en lançant son trench bleu sur le canapé. « Je ne veux plus jamais faire la même erreur. Je ne veux plus jamais disparaître de la vie des autres, sans avoir tenté de sauver ce qui a été construit, et dont je fais partie, me dit-elle en me prenant la main. Je crois que nous devons nous montrer, vivre et ne plus jouer ces mauvais rôles qui nous empoisonnent. J'ai envie de parler de toi à ma famille, à mes amis, de ne plus mentir sur ce que je fais en dehors de mon boulot. J'ai envie de t'aimer au grand jour, sans nous cacher derrière ces rideaux noirs en imaginant qu'on pourrait nous voir depuis le métro, sans utiliser cette porte ! Je veux sortir de ce placard. Et je ne te parle pas de Gabriel qui me ferait suivre. Je ne me sens jamais en sécurité. On dirait que tu as honte de moi, que tu as honte de nous. J'en ai marre de tous ces mensonges ! » Elle avait raison, mais je ne pouvais l'accepter si vite. « Alice, c'est facile pour toi. Tu t'en fous de Gabriel. Tu as voulu qu'il sorte de ta vie… Et, puis, c'est toi qui m'as suivi chez moi le premier soir ! Il fallait s'en douter. Et c'était aussi plus excitant pour toi, j'imagine. Je ne peux pas trahir un ami qui est au plus mal à cause de toi. Et, franchement, c'est vraiment nécessaire d'en parler à tes copines ? On s'aime pour nous deux, non ? Tu es obligée de le dire à tout le monde et raconter ta vie, t'étaler ? Fais comme moi : je dis que j'étais au sport, et voilà, personne ne me demande plus. Ce n'est pas nécessaire de montrer à tout le monde que tu es en couple pour prouver que l'on s'aime ! », répondais-je en sachant pertinemment que j'étais de mauvaise foi. Son regard des mauvais temps s'était transformé en des torches autour d'un visage crispé. Son intelligence voyait tout et dépassait déjà mes futures réponses. Comme dans une partie d'échecs de haut niveau, le joueur qui a perdu se lève parfois trois coups avant de perdre. Elle, à l'inverse, bien que gagnante, n'avait pas la force de jouer. C'était trop tard, nous avions déjà trop menti pour en revenir maintenant. Alice s'était levée, avait craché un « c'est sans avenir » en claquant notre porte dérobée.

Je m'étais plongé dans mon canapé, convaincu que les couples ont besoin de ces moments pour avancer ensemble, pour cristalliser leur attachement, tout en trouvant sa fuite plutôt lâche. J'avais pris son manteau qu'elle avait oublié dans mes bras et inspirais son parfum. Elle sentait si bon. Une culpabilité inédite jaillit en moi, je me rappelais mot pour mot ce que je lui avais répondu. Étais-je allé trop loin ? Et si je la perdais ? Et si mon avenir se résumait à serrer uniquement ce manteau vide qui allait doucement perdre ses fragrances. Avait-elle raison ? Sommes-nous sans avenir ? Avais-je honte de nous ? Non, ce n'était pas une honte, j'étais fier de nous deux, de notre drôle de cocon, mais, oui, j'avais honte d'être avec elle, d'être un traître à jamais devant tant d'amis communs, nos familles et Gabriel. C'était peut-être sans avenir.

IX
Septembre rosé

Un soir de septembre, Gabriel m'avait donné rendez-vous à l'entrée du parc des Buttes-Chaumont, de l'autre côté de Paris pour moi, mais à côté de son travail. C'était une fin de journée d'été chaude et le ciel était des plus menaçants. On entendait le tonnerre au loin pendant que les gardiens vidaient difficilement les allées. Gabriel n'avait pas l'air en forme. Devant une pinte d'IPA et alors que les éléments se déchaînaient sur la ville, il m'avait raconté que Monica supportait difficilement l'ombre d'Alice sur leur couple. Une ombre que seul lui portait, il le savait et culpabilisait. « Je me demande si je dois la quitter. Je me demande où j'en suis, ce que je veux… C'est difficile de construire sur des vestiges. Même si je sais que Monica est le meilleur des remèdes, non pas comme un médicament, mais comme une relation plus saine, plus sage », disait-il en me fixant puis insistant étonnamment sur notre amitié. « Heureusement, je peux compter sur des amis comme toi pour m'aiguiller. » Quelque chose me troublait, il avait la lèvre inférieure fébrile, comme s'il allait frapper quelque chose de toutes ses forces.

Et alors qu'une poubelle poussée par une bourrasque traversait la rue, il saisit mon poignet. « Il y a un mois, quand ça n'allait pas très bien avec Monica et que je piétinais dans mes souvenirs, je suis retourné sur la boîte mail que j'avais en commun avec Alice. Histoire de regarder quelques photos. Et poussé par cette affreuse pulsion destructrice qu'est le voyeurisme, je me suis connecté à son WhatsApp », me racontait-il sans jamais me lâcher. Connaissant déjà la suite, j'hésitais entre m'effondrer en pleurs ou fracasser la chope sur son visage puis enfoncer le tesson dans sa gorge. « Et tu imagines donc que je suis tombé sur votre groupe à tous les deux, "coloc <3". J'ai tout lu, tout regardé, cliqué sur tous les liens, tous les articles que tu m'envoyais à moi aussi. Chaque pixel a été analysé. C'est nul, hein, mais mon monde s'est effondré, juste un jour comme ça, devant mon PC en quelques clics. J'ai vu des années d'amitié et d'amour exploser. Chaque mot était un poignard. Une rage s'est éveillée en moi. Je voulais te tuer. Je suis certain que votre amourette dure depuis des années dans mon dos, c'est ignoble. Ne parle pas, s'il te plaît. Monica m'a dit que c'était la vie, que je devais faire avec, et que c'était du passé. Monica avait raison, finalement, c'est une bonne nouvelle pour vous. Deux personnes bien s'aiment. En relisant toute la conversation, je me suis aussi aperçu qu'en plus de te foutre de ma gueule, tu lui mentais en parlant de moi. Tu exagérais ma situation par rapport à elle, juste pour continuer à l'avoir dans tes griffes. Toutes les fois où tu revenais de m'avoir vu, tu lui racontais que j'étais toujours fou d'elle et que j'étais au bord du suicide, ou que j'avais employé des inspecteurs pour la poursuivre, savoir si elle voyait un nouvel homme. Ça m'a surpris de ta part. J'étais déjà déçu, mais là, en plus, je n'ai pas réussi à comprendre tout de suite tes tours. Puis avec Monica, on s'est dit que j'allais continuer à vous surveiller, ma vengeance serait de voir comment tu détruirais aussi cette relation avec toutes tes règles et tes peurs. Et plus je voyais vos conversations, plus je reconnaissais la lucidité d'Alice, mais moins je retrouvais mon ami. C'est devenu un poison. Je n'arrivais plus à décrocher de mon téléphone. Je voulais tout voir, tout entendre, tout lire… Et maintenant que je me suis déconnecté, j'ai compris que tu profitais de sa culpabilité pour mieux l'emprisonner. Et, en plus, je pense qu'elle t'aime. Ça me bute de dire ça, mais c'est trop rare pour être gâché. Je vais être très honnête. Je ne veux plus jamais te revoir tant que tu seras avec Alice. Si tu décides de rester avec elle, s'il te plaît, ne lui mens plus. Si tu la quittes, nous pourrons nous revoir, et avec un peu de temps, je ne suis pas rancunier, je te redonnerai ma confiance, car finalement, tu me fais pitié. Tout ce que tu as fait est lâche. Tes parents seraient si déçus.» Gabriel était parti sans payer, certainement fier de son petit coup de théâtre, mais avec cette certitude d'avoir raison, et d'être du bon côté de la morale. C'était certainement le principal pour lui.

Dans ce rade miteux du 20e arrondissement, alors que des passants s'abritaient en buvant un verre de rosé au bar, et que les éléments se déchaînaient dehors, je m'étais senti triste de perdre cet ami de toujours, trompé qu'il ait fouillé dans ma vie, mais aussi, libéré. Il était au courant, nous n'étions plus obligés de nous cacher avec Alice.

Puis, l'orage s'était éloigné et alors un doute s'était répandu en moi. Alice m'aimait-elle uniquement pour notre clandestinité et pour mon lien avec Gabriel ? D'une certaine manière je la reliais encore à lui, et permettais de lui éviter la haine de tous les amis de son ex. Elle voulait m'emmener dans sa culpabilité. Et si j'étais juste un médicament pour eux deux ? Le pansement, pour ainsi dire.

X
Octobre orange

Tous mes soupçons disparaissaient quand je retrouvais Alice. Je m'étais convaincu qu'elle accepterait de rester avec moi aussi longtemps que notre clandestinité durerait. Notre secret nous liait.

Mais, après la conversation avec Gabriel, et tout ce que cela avait réveillé en moi, j'avais besoin d'être seul, au vert. J'avais fui chez une tante en Sologne pour un week-end, prétextant qu'elle était très âgée et qu'elle avait besoin d'aide pour ranger son cellier. De fait, j'étais vraiment chez elle, mais ma tante allait très bien. Pendant quarante-huit heures, j'avais regardé la cime des arbres se balancer en me demandant si je devais dire la vérité au risque de perdre Alice ou si je devais entretenir cette drôle de relation jusqu'à un jour indéterminé. J'avais prétexté que ça captait très mal pour ne pas répondre aux appels d'Alice. Quelle étrange pulsion de devoir s'arracher des gens que l'on aime pour mieux les aimer. L'humain n'est génétiquement pas habitué à l'abondance.

Durant ces deux jours, j'avais observé ma tante et mon oncle s'aimer à leur manière. Cinquante ans de vie commune. Quelle patience. Ils étaient tous les deux insupportables à leur manière, ensemble, c'était pire. Comment faisaient-ils ? J'hésitais à leur demander. « Cinquante ans de vie ensemble, c'est long quand même ! », lançais-je innocemment à ma tante alors que nous faisions la promenade préférée de mon grand-père. « Oui, c'est sûr, mais le temps accélère avec l'âge. En vieillissant, les jours deviennent des heures, tu verras ! Nous avons vite eu des enfants, et des changements de travail. Ça ne s'est jamais arrêté. Ce n'était pas toujours facile. Ton oncle et moi, travaillions beaucoup et, le reste du temps, il fallait gérer la maison, ta grand-mère qui était très malade, les travaux... Moi, j'ai eu mon cancer ensuite, se souvenait-elle. Ce sont des épreuves, mais dont on se rappelle. Maintenant, c'est à notre tour d'être grands-parents et de se soigner. À partir d'un certain âge, la vie se résume à voir ceux qui resteront après, et espérer vivre encore. Et toi, pas de fiancée en ce moment ? » J'avais évité avec bienveillance la dernière question pour ruminer sa réponse qui était des plus simples. Peut-être était-ce la solution : il fallait voir dans le temps, regarder au long terme, oublier le bruit quotidien. Ma tante n'avait pas évoqué tout le reste, toutes les tentations de la vie bien sûr, les tracas continuels, grâce à un projet commun supérieur uni par l'amour puis une famille. C'était une vision traditionnelle, mais qui me convenait car elle me redonnait de l'espoir dans ma vie avec Alice. C'était surmontable.

Dans le TER orange en direction de Paris, devant les lumières des villes qui glissent comme des étoiles filantes, je plantais mon regard dans l'obscurité fuyante, et me réjouissais de retrouver notre double appartement. Je voulais lui dire la vérité : Gabriel est au courant, il refait sa vie, tu n'as jamais été suivie, c'est aussi important pour moi que l'on arrête de mentir, de se mentir…

XI
Novembre doré

Ce dimanche soir, le dernier étage était très calme. Alice ne répondait ni à mes appels ni à sa sonnette dorée rococo. Nous avions promis de n'utiliser notre porte commune qu'ensemble, je tenais ma parole et restais dans mon aile. Le lendemain, sans nouvelles j'étais entré discrètement. Elle n'était pas là, j'avais décidé de dormir sur son canapé en l'attendant. Elle me manquait.

Elle était arrivée le soir et m'avait réveillé par un baiser. Je ne savais pas quoi dire. Trois jours sans se voir, c'était long. Trois jours sans nouvelles, c'était exagéré. Son regard était à demi tendre. « J'ai fait comme toi ces derniers jours, une retraite de nous. J'étais chez ma mère. Je ne veux plus mentir à personne, je veux être une fille normale avec un homme normal, pas de cachotteries, de filatures dans la rue, je veux juste que l'on m'aime normalement. Tu comprends ? », me demandait-elle en haussant doucement la voix. « Je ne supporte plus tout ton manège, cette foutue porte cachée, nos deux ambiances, nos deux chambres. Je voulais être avec toi ou sans toi, pas dans cette zone grise pleine de ténèbres et de non-dits. Plus j'avance ici, plus mon ciel s'obscurcit. J'ai l'impression de faire du mal. Tu me retiens captive dans tes règles. Je ne veux plus de tout ça ! » Je comprenais alors le mutisme de Gabriel quand elle l'avait quitté, les choses s'éclairaient, nous n'étions pas à la hauteur d'Alice, lui, le fainéant, et moi le menteur. Alice reprenait avec un ton de voix plus sec : « Gabriel m'a écrit il y a deux semaines en me racontant qu'il avait lu mes messages sur WhatsApp. Il s'excusait et me parlait de tes mensonges. Comment as-tu pu vivre dans un tel monde parallèle ? J'imagine que tu te disais qu'en me mentant à moi aussi, tu me garderais avec toi. Mais je t'aimais !, cria-t-elle soudain. Tu vas me ressortir tes histoires de preuves d'amour maintenant, etc. ? Oui, j'avais envie d'être avec toi dehors, dans la rue, comme les gens normaux ! Je ne demandais pas plus ! Ça aurait été une vraie preuve d'amour de ta part, je voulais le vivre comme ça, pas pour les autres, mais pour nous. Tu n'as pas su m'aimer et tu n'as pensé qu'à toi, à ton image. Il faut des preuves d'amour à l'amour. » Touché dans mon orgueil et pris en flagrant délit, je ne voulais pas baisser la garde, alors je tentai la carte de la culpabilité : « Ça y est, tu vas faire comme avec Gabriel ? Tu vas nous abandonner ? Bon débarras les trentenaires amortis, hein ? Pas la peine de se battre pour les autres ? Ça n'en vaut pas le coup ? Tu n'as pas le temps, j'imagine ! » Je savais que cette saillie toucherait son estime, mais elle semblait avoir une dernière carte. « J'ai quelque chose à te dire. Depuis quelque temps, je vois quelqu'un d'autre. Je suis en train de l'aimer très normalement. J'aimerais nous sauver, de tout mon cœur, j'aimerais, mais cette situation est intenable. Tu m'as menti, tu as menti à tout le monde. Je ne pourrai plus te faire confiance. Tant pis, c'est trop tard ! »

Ma belle Alice avait ouvert grand les fenêtres de son salon et fumait une cigarette en regardant les métros passer. J'avais envie de la prendre dans mes bras pour sauter dans le vide avec elle, tout arrêter avec panache. Mais, dans les faits, je n'avais plus grand-chose à dire, et pensais qu'elle avait certainement raison. « Tu peux me reprocher mes mensonges, mais tu es quand même en train de me tromper ! Et moi, je ne peux rien dire ? Tout est de ma faute bien sûr, pauvre fille. » Elle avait tourné la tête vers moi, s'était assise sur le rebord, quelque chose avait changé en elle, entre nous, j'étais devenu un étranger. « Sors de chez moi. Je n'ai plus envie de me battre pour un mythomane », m'avait-elle dit sèchement.

J'avais claqué la petite porte, pour toujours.

XII
Décembre cuivre

7h00. Les déménageurs arrivent dans une heure.

Je n'ai plus jamais reparlé de vive voix avec Alice. Avec beaucoup d'ironie, nous avions continué à utiliser notre groupe WhatsApp, dont nous n'osions pas changer le nom, pour organiser le déménagement. Elle avait quitté son aile la semaine dernière pour partir vivre à Londres où son entreprise avait un bureau. Gabriel m'avait raconté que son nouvel amoureux déménageait avec elle. Il m'avait aussi glissé qu'il avait huit ans de moins. Nos honneurs étaient blessés. Chiens d'ego qui ne laissent jamais personne tranquille.

Le malheur des uns fait le bonheur des autres. Le propriétaire est fou de joie que nous ayons joint les appartements, ce qui en fait « un bien plus rare ». « Je me demande pourquoi je n'y ai jamais pensé », avait-il dit, l'œil brillant, en visitant les deux ailes. Je n'avais fait la visite de fin de bail que du mien, et Gabriel s'était occupé de la partie d'Alice. Notre séparation les avait rapprochés à nouveau. J'étais content pour lui qui avait encore besoin d'elle. Moi, je me soigne doucement de cet étrange épisode de ma vie et me dis que c'était romanesque, tout en ne supportant pas l'image d'elle heureuse de l'autre côté de la Manche avec un gamin… Je me rassure en me convainquant qu'elle a besoin d'un minot pour se sentir pleinement dominatrice.

7h04. Je regarde cet appartement où j'ai vécu tant de choses. Chaque pièce est marquée de souvenirs heureux ou moins. Sans meubles, j'ai déjà l'impression que c'est ailleurs. Mais où est mon domicile maintenant ? Là, dans ces cartons marronnasses. Le crissement du parquet résonne entre les murs nus. Je regarde ma salle de bains et me rappelle la première douche que j'avais prise avec Alice. C'était la première fois que nous voyions nos corps entièrement dénudés à la lumière du jour. La chaleur de l'eau rendait nos peaux tièdes, nous étions beaux. Là, à droite, ma chambre, Alice encore, assise à la fenêtre juste en culotte qui me regarde, saoul, en train de chanter du Patrick Bruel. J'entends son rire ponctué de « t'es con » qui m'énervaient et me manquent maintenant. Enfin, le salon, quand elle était enrhumée et demandait l'« asile grippal ». Je la prenais dans mes bras et nous regardions des séries télévisées pas très malines, puis elle s'endormait en me regardant jouer frénétiquement à la console comme un adolescent. Mais tout cela avait disparu à cause de moi. Les jours passant, je m'étais convaincu de ma culpabilité dans notre histoire. J'avais échoué, mais elle ne m'avait pas vraiment aidé. On attend de l'autre ce dont il est incapable.

7h30. La petite porte me fait de l'œil. J'entre chez Alice. Sa présence flotte. La lumière des lampadaires du boulevard rend les murs de son aile cuivrés quand il fait encore nuit chez moi. Je retrouve le bruit de ses portes et ces satanés métros qui ne s'arrêtent jamais de rouler. J'entame une valse avec son fantôme. C'est ridicule, mais personne ne nous voit. Quelques larmes coulent sur mes joues. Dans cette étrange rêverie, les lieux reprennent aussi leur vie. Je revois notre séparation sur le sofa, mais aussi moi qui sonne pour venir dîner, ses copines qui visitent son nouvel appartement en trouvant qu'il était mieux que celui de Gabriel, moi encore, caché, à espionner derrière la porte, sa chambre où nous avions emboîté laborieusement une armoire Ikea, ses toilettes où elle s'asseyait pour travailler avec son ordinateur sur les genoux. « C'est le seul endroit où je suis tranquille », disait-elle en riant. Une soudaine envie m'a pris de passer le balai et d'ouvrir les fenêtres. Dehors, la ville s'éveille, et plus je repousse des pelotes grises avec ses cheveux entremêlés, plus Alice m'énerve et me manque. Quel dommage, nous étions si heureux ! Quelle cruche de partir avec un autre… Puis, j'avoue mes échecs en balayant dans sa chambre. Tout était allé si vite. Nous avons fait tellement d'erreurs. On dit que l'on revoit sa vie avant de mourir, je revois notre vie avant de partir.

8h00. Le camion de déménagement stationne en bas, quatre hommes aux accents d'Europe de l'Est frappent à la porte. Et si je ne répondais pas ? Pire, je pourrais sauter depuis le balcon et mourir. Las, j'ai ouvert et tout est parti en vingt-cinq minutes. Les deux appartements sont vidés.

8h30. J'entends des pas dans l'escalier, le propriétaire arrive avec les nouveaux occupants. On ne perd pas de temps dans l'immobilier. Je reconnais immédiatement monsieur Paduret, mais mon cerveau peine à identifier que Gabriel et Monica le suivent, essoufflés par les cinq étages. Paduret me remercie d'avoir recommandé « ce jeune couple ». Je souris bêtement. Gabriel ajoute avec un petit rictus : « Oui, Alice m'a dit que c'était parfait pour deux sans trop se marcher dessus ! » Telle était la plus belle preuve d'amour de Gabriel pour Alice.

GÉRARD **DE CORTANZE**

Le voyage de Louis XVI à Cherbourg

Dans quel contexte historique a lieu le voyage de Louis XVI à Cherbourg?

En juin 1786, Charles-Alexandre de Calonne est contrôleur général des finances du royaume de France depuis moins de trois ans. La Pérouse est parti depuis un an, du port de Brest, pour une circumnavigation, décidée et préparée par le roi en personne. On peut lire dans le *Journal de voyage* de La Pérouse la phrase suivante : « Le roi traça de sa main une grande partie des instructions qui m'ont été remises. J'eus l'honneur de recevoir verbalement ses ordres sur les points les plus importants de ma campagne. »

Poursuivons… La fameuse affaire dite « du collier de la reine » est devenue une comédie où le coupable – le cardinal de Rohan – est innocenté, et la victime – Marie-Antoinette – désignée à la vindicte publique. Humilié, ridiculisé, le système monarchique est en perdition, touché en plein cœur.

Goethe, spectateur attentif, est empli d'épouvante, il écrit : « Je vois la majesté royale minée et bientôt anéantie. »

Le contexte historique ne doit pas faire oublier la géographie plus intime, personnelle. En juin 1786, Louis XVI a 31 ans. Il est sur le trône de France depuis douze ans. Celui qu'on dit petit et grassouillet, mesure plus de 1,90 mètre. Celui qu'on prétend inculte, que l'abbé de Vermond qualifie de « stupide » et que le duc de Garches assure « vivre sur un fond d'ignorance », qu'on dit incapable de prendre la moindre décision et qui serait un « bon à rien », dont certains affirment qu'il s'adonne à la boisson, qu'il bat sa femme, qu'il prend plaisir à embrocher et à faire rôtir des chats, bref que son inconsistance n'a d'égale que sa nature basse et cruelle, possède parfaitement le latin et les auteurs classiques, quant à l'italien et ses poètes ils lui sont aussi familiers que la langue et la littérature françaises. Il parle l'allemand, est le premier de sa lignée à maîtriser l'anglais, lit chaque jour les gazettes de Londres et traduit David Hume pour son plaisir. Outre l'art de gouverner, ses professeurs, nombreux, lui ont enseigné les mathématiques, la physique, l'écriture, le dessin, l'histoire, la danse, le violon. Il est à l'opposé du roi en friche qu'on a voulu faire de lui. Tout jeune homme, il a rédigé des *Maximes morales et politiques*, mais surtout des *Réflexions*, dans lesquelles il a écrit cette phrase : « Un bon roi ne doit avoir d'autre objet que de rendre son peuple heureux. » A son très dévot gouverneur, le duc de La Vauguyon, qui lui demande d'écrire un plan d'action, il avait répondu, ce qui ne laissait aucun doute sur ses résolutions : « Je dois être inébranlable dans mes principes, persévérant dans mes occupations, fidèle à mes promesses et je me propose de ne rien oublier pour contracter, dès à présent, l'heureuse habitude de vouloir et d'agir par moi-même. »

En réalité, il est le premier roi de France à formuler un contrat draconien passé avec son peuple. Il écrit, toujours dans ses *Réflexions* : « Comme homme, je dois être juste ; comme prince, je dois faire régner la justice. Si j'ai droit d'exiger une entière fidélité de mes peuples, ils ont droit d'exiger de moi que je tienne les promesses que je leur fais. Je puis exiger d'eux obéissance et soumission, mais je leur dois sûreté et protection. Comme rien ne peut les dispenser, quand je serais injuste ou tyran, de m'être soumis, si de leurs côtés ils violaient tous leurs devoirs envers moi, rien ne pourrait me soustraire à l'obligation de remplir les miens à leur égard. »

Humaniste, humanitaire, celui qui a aidé l'abbé de l'Épée, sur sa propre cassette, dans son œuvre pour l'éducation des sourds-muets, qui a doté l'école de Valentin Haüy pour les aveugles, qui a donné le droit aux femmes de toucher leur pension sans l'autorisation de leur mari, qui a exempté les juifs de l'impôt corporel qu'il jugeait humiliant, qui a accordé l'état civil aux non-catholiques (donc notamment aux protestants), qui a ordonné aux hôpitaux militaires de soigner les blessés ennemis et cela longtemps avant la Convention de Genève de 1864, celui qui le premier a utilisé le terme de « justice sociale » et supprimé de très nombreuses charges de la maison du roi pour alléger les finances publiques, qui a créé un mont-de-piété à Paris pour venir en aide aux petites gens, qui a financé tous les aménagements de l'Hôtel-Dieu pour que chaque malade ait son propre lit individuel, qui a fondé un hôpital pour les enfants atteints de maladies contagieuses et créé l'Hôpital des enfants malades et décidé de faire construire à ses frais des infirmeries dans les prisons, qui avait même, jeune roi de 20 ans, envisagé, l'été 1774, d'abolir l'esclavage dans les colonies françaises – le sujet est clairement évoqué dans le *Journal* de l'abbé Joseph-Alphonse de Véri qui parle d'un projet échafaudé avec le ministre de la Marine et des Colonies, l'antiesclavagiste Turgot, projet qui évidemment échoue parce qu'arrivé aux oreilles des armateurs négriers ceux-ci le font capoter –, eh bien, ce roi qu'on caricature volontiers le nez dans ses serrures, a un jardin secret : la mer.

Rétablissons la vérité. Son éducation, quelle est-elle ? Celle-ci, outre les matières déjà citées, a essentiellement privilégié les disciplines scientifiques. Sa formation mathématique lui permet de s'intéresser aux théories du Suisse Leonhard Euler – relatives à la mécanique des fluides et à la construction nautique ; dans ses appartements de Versailles, il s'est aménagé un laboratoire de chimie et un cabinet de géographie ; et sa bibliothèque abonde de livres scientifiques, d'ouvrages de géographie et de comptes rendus de voyages, notamment ceux du capitaine James Cook, le découvreur des terres australes qu'il lit dans le texte et traduit !

C'est un fait, sous l'impulsion du comte de Maurepas, ancien secrétaire d'Etat à la Marine, le jeune prince avait étudié l'anatomie et la physique, mais surtout la géographie, une discipline dans laquelle il excelle. D'ailleurs, dans le portrait que l'abbé de Vermond dresse du dauphin en 1768, à l'intention de l'impératrice Marie-Thérèse, la mère de Marie-Antoinette, il note avec insistance : « La marine est son étude favorite », et ajoute : « il sait absolument tout de ce qu'on peut en savoir, mais sans la pratique. »

Voilà, nous y sommes : ce roi, qui est un cartographe hors pair, qui sait tout des navires et des monstres marins, qui a une parfaite connaissance des réalités nautiques, du régime des vents et des dernières découvertes scientifiques et techniques, n'a jamais embarqué sur un bateau ni vu la mer. Et, si l'on excepte le sacre de Reims en juin 1775, il n'a jamais effectué un seul déplacement en province.

Ses prédécesseurs, dans leur lutte contre l'Angleterre, ont certes fortifié les ports de la mer du Nord et de la Manche, mais Louis XVI a récupéré une marine exsangue. Quelques rappels…

Le règne de Louis XIV, le Roi-Soleil, est assombri par la terrible défaite de Tourville face aux Anglais, à Saint-Vaast-la-Houghe, en 1692. Sans parler des crédits de la marine qui sont rognés, jour après jour, à tel point qu'on assiste à l'inéluctable décadence du prestige maritime de la France. Le règne de Louis XV n'apporte aucune amélioration. Le maréchal de Villars, gouverneur de Provence, écrit : « Je découvre avec douleur, les débris de notre flotte pourrissant dans les ports. » Lors de la guerre de Sept Ans – nous sommes en 1760 –, l'Angleterre aligne plus de quatre cents vaisseaux, la France une soixantaine ! Trois ans plus tard, le 2 février 1763, le traité de Paris dépouille la France de l'Inde, du Canada, de l'Ohio, de la rive gauche du Mississippi, du Sénégal et de plusieurs îles des Antilles…

Il faut verser au crédit de Louis XVI ce prodige d'avoir su en quelques années faire de la marine française l'égale de la flotte anglaise. La Révolution se chargera de tout détruire… Mais ce « prodige » a nécessité plusieurs étapes.

Dès son avènement, au printemps 1774, Louis XVI nomme Antoine Raymond de Sartine, un ancien lieutenant général de la police, ministre de la Marine. Le bilan que ce dernier dresse de la situation est des plus sombres : « A mon arrivée, j'ai trouvé tous les individus découragés. Les arsenaux du roi sont dépourvus des approvisionnements les plus nécessaires : les vaisseaux abandonnés dans les ports sont absolument hors d'état de prendre la mer. C'est une pitié.»

Deuxième étape : Louis XVI triple le budget de la marine. Troisième étape : il entame de nombreux chantiers. Sur la Méditerranée, on creuse Port-de-Bouc et Port-Vendres. A l'ouest, on renforce La Rochelle, le Havre et Dieppe. Dès 1777, les projets de la rade de Cherbourg circulent... Quatrième étape : il va être aidé par l'Histoire. En effet, les *insurgents* – nom donné aux colons américains ayant pris parti contre l'Angleterre, au cours de la guerre d'indépendance américaine – sollicitent une aide militaire de la France. Le 6 février 1778, une alliance est donc conclue avec les nouveaux Etats-Unis… La marine française court de victoire en victoire. Certains y acquièrent une gloire qui va traverser les siècles : La Motte-Picquet, Suffren… Quant à l'amiral de Grasse, il permet la reddition de la place de Yorktown le 19 octobre 1781. Deux ans plus tard, le traité de Versailles a en partie effacé l'humiliation de celui de Paris. La France récupère le Sénégal, Saint-Pierre-et-Miquelon, Tobago, Sainte-Lucie aux Antilles, ainsi que des comptoirs en Inde. Mais surtout, Louis XVI a ébranlé le mythe de l'invincibilité britannique.

Le jeune roi avait été traumatisé par le désastre de la Hougue, par les raids permanents des Anglais en terre normande. Ses victoires acquises, il poursuit son objectif et décide de faire de Cherbourg une base navale capable de protéger et de ravitailler d'importantes escadres et donc, au prix de travaux gigantesques pour l'époque, d'y aménager une rade équipée d'une digue puissante, de forts et de batteries.

Envisager de construire une digue en pleine mer, sur un fond sablonneux de quinze mètres de profondeur sans enrochement, est un pari hasardeux. Louis XVI, féru de sciences et de marine, après les premiers projets de 1777, déjà évoqués, confie cette tâche, en 1782, à Louis-Alexandre de Cessart. L'homme qui a atteint l'âge respectable pour l'époque de 63 ans est ingénieur des ponts et chaussées et s'est bâti une solide réputation dans le domaine maritime. La technique proposée est audacieuse. Il prévoit l'immersion, à une lieue au large, de 90 gigantesques caisses en bois de chêne lestées de moellons et de mortier. Entre les sommets de ces pains de sucre, on tendra des chaînes et des filets d'acier. Le 6 juin 1784, un premier cône est posé avec succès. En mai 1786, le plus jeune frère du roi, le comte d'Artois, préside à la mise en place du huitième. Ne serait-ce pas maintenant au roi en personne de venir constater de ses propres yeux l'avancée de son « grand œuvre » ?

L'occasion est trop belle pour ne pas la saisir. Pourquoi, sous couvert d'une vérification de l'avancée des travaux, ne pas aller voir ces flots déchaînés, qu'on dit peuplés de monstres marins et qui le font tant rêver depuis l'enfance, lui qui ne cessait de monter sur les toits et les terrasses du château de Versailles, faussant compagnie à celles et ceux chargés de son éducation ou de sa surveillance, pour essayer d'apercevoir la mer ?

Bien entendu, ni le clergé ni la noblesse, ni ceux qu'on appelle les gens de robe – magistrats, notaires, avocats, juges, qui seront à l'origine du fiasco que constitue la réunion du tiers état en juin 1789 – ne l'encouragent à effectuer ce périple. N'est-ce pas courir le risque de voir le roi rencontrer ce peuple avec lequel il pourrait avoir un contact direct, lui qui a déjà aboli le servage dans les domaines royaux et interdit la torture dans les procès criminels ! Ses conseillers font tout ce qui est en leur pouvoir pour lui faire changer d'avis. Le peuple de Normandie est pauvre, malpropre, parle à peine le français. Ces terres ne se sont-elles pas jadis ouvertes au protestantisme ? Ce sont territoires hostiles, terre de Vikings et de sorcières. Les lieux ont pour noms : Cave du Diable, Cul de l'ange déchu, Chaire de Satan, et les chemins vicinaux sont « dégradés »…

A 5 heures et quart du matin, le 21 juin 1786, Louis XVI s'apprête à monter dans son carrosse, arrêté en contrebas du château de Rambouillet. Il a laissé à Versailles sa cour et ses courtisans et la reine Marie-Antoinette, enceinte de son quatrième enfant, la future Sophie. Calonne lui a remis, quelques jours avant son départ, un rapport complet sur la Normandie qu'il a lui-même rédigé d'après les relations demandées aux échevins et aux intendants. Ne l'accompagnent que Castries et Ségur, respectivement secrétaires d'État à la Marine et à la Guerre. Dans *Mémoires secrets pour servir à l'histoire de la République des Lettres en France*, on peut lire : « Le Roi avait dans son carrosse le Prince de Poix, son capitaine des gardes ; le Duc de Villequier, son premier gentilhomme de la Chambre ; le Duc de Coigny, son premier Ecuyer : & sa majesté a de plus pris à Harcourt, le Duc de ce nom, Gouverneur-général & Commandant de la province. Dans un second carrosse étaient deux officiers des gardes du corps & deux écuyers. Dans un troisième, un valet de chambre, deux valets de garde-robe & un valet de chambre barbier ; puis une voiture de suite en cas de besoin ; un petit nombre de gardes du corps qui couraient : tel était à peu près son cortège. » Pour l'époque, eu égard à l'étiquette et à la qualité du voyageur, quatre voitures, c'est un équipage très réduit.

Dès les premiers « villes, bourgs et villages » qu'il traverse, les démonstrations de la ferveur populaire sont visibles. Louis XVI n'hésite pas à faire arrêter son convoi et à descendre de sa voiture. A Houdan, une femme lui enlace les genoux et fond en larmes. A L'Aigle, c'est une aubergiste qui l'embrasse. A Falaise, des jeunes filles couvrent son carrosse de fleurs. Et quand il arrive à Harcourt, alors que le jour est déjà sur son déclin, les arbres qui encadrent la route sont couverts de grappes d'hommes et de femmes qui lancent des

« Vive notre bon roi ! » Lors du repas donné en son honneur, il gracie six déserteurs qui attendaient leur arrêt de mort dans la prison de Caen. A la fin de cette première journée, monsieur Letellier, maire d'Harfleur, conclut dans le *Voyage de Louis XVI dans sa province de Normandie* : « Son apparition excita la plus universelle sensation. Une foule immense accourue de tous les environs, lui faisant éprouver ces vives émotions que l'amour d'un peuple cause toujours si sûrement aux princes bien nés. »

On sait Louis XVI plus à l'aise avec les humbles qu'avec les courtisans, qu'il déteste. Le lendemain, 22 juin, sur la route de Cherbourg, dédaignant le déjeuner royal prévu, pris du « plus piquant appétit », il fait arrêter tout le convoi dans une auberge, s'installe à la table commune et mange avec les paysans du pain de ménage, des œufs frais et du beurre sorti de la baratte. Arrivé vers 10 heures et demie du soir, le repos royal est de courte durée. Accueilli à l'abbaye de Chantereine, fondée par l'épouse de Guillaume le Conquérant, mais désertée par les moines depuis 1775, il dîne frugalement et passe une nuit réparatrice mais très courte… Le lendemain, dès 3 heures du matin, il entame une longue journée débutée par une messe. Vêtu d'un habit écarlate agrémenté de la broderie des lieutenants-généraux, entremêlée de lys de couleur d'or, il se rend sur le chantier des travaux, à bord d'un canot doré, manœuvré à la rame par une vingtaine de matelots vêtus de blanc et ceints d'une écharpe de laine rouge, tel que le montre la toile de beau format – 180 par 223 – peinte en 1817 par Louis-Philippe Crépin, le célèbre peintre de marines. On raconte que tachant son habit de goudron, on lui propose d'en changer. « Non, dit-il, il ne me plaît que davantage. » Parlant à bâtons rompus avec les officiers et les hommes d'équipage, il répond à ceux-ci, surpris d'une telle familiarité : « Il faut bien que nous fassions connaissance ! »

Bientôt le canot aborde à l'un des cônes et la manœuvre peut commencer. Au son de la symphonie du régiment de La Reine, et des salves combinées de l'artillerie des forts et de l'escadre, le roi assiste à l'immersion du neuvième cône. La caisse à immerger est remorquée au moyen de tonneaux vides qui lui sont attachés par de gros câbles. L'opération dure 28 minutes. Mais un drame survient. Pour la circonstance, on a voulu faire l'essai d'un nouveau cabestan. Quatre ouvriers sont blessés. Devant l'indifférence des courtisans qui l'accompagnent, devant les tentatives réitérées de son entourage de vouloir lui dissimuler la gravité des faits, le roi s'en prend à son capitaine des gardes, à son chirurgien et son médecin personnels. Il faut sur-le-champ interrompre l'« ambigu » qu'on est en train de servir, c'est-à-dire un « repas où l'on sert en même temps la viande & le fruit, en sorte qu'on ne saurait dire si c'est un souper ou une collation ». Il faut secourir ces blessés, insiste-t-il, leur venir en aide. Et quand l'un des ouvriers succombe à ses blessures – un charpentier nommé Robert Pinabelle –, il ordonne que des pensions soient versées à la famille de la victime.

Le déroulement de la journée reprend. Autour du cône où se tient sa majesté, près du canot sur lequel il se déplace, croise ce qu'un témoin appelle « une multitude infinie » de barques débordant de curieux qui veulent voir leur souverain, certains n'hésitant pas à se jeter à l'eau pour s'en rapprocher le plus près possible. Qui a dit que le roi de France n'était pas populaire, que ses sujets ne l'aimaient pas ? Une gravure sur bois reproduit la scène. On dirait un ex-voto qui tout naturellement comporte sa légende : « Nombre de jeunes gens à la nage entourent le canot de Sa Majesté en criant : Vive le Roi ! »

La journée n'est pas terminée. Louis XVI visite l'île Pelée, inspecte la citadelle qu'il nomme immédiatement Fort-Royal. On essaie un canon en sa présence et on le met au défi : qu'en pense-t-il ? Ce canon devrait-il équiper les navires de la Royale ? Un commentateur prend des notes : « Sa Majesté fit contre ce projet toutes les objections que le marin le plus instruit n'aurait pu faire… » Quelles sont-elles, ces objections ? « Pas assez lourd, donc pas assez stable. Mettre un tel canon en batterie va être très compliqué et son recul au moment du tir trop important. Travaillez plutôt à un perfectionnement de la caronade. L'avenir est là. Mettez au point une arme de combat rapproché avec de gros boulets, redoutable pour les hommes, les gréements, capable de projeter une énorme mitraille.»

Durant les trois journées qu'il passe à Cherbourg, Louis XVI s'embarque à bord de l'escadre – une vingtaine de frégates, flûtes, corvettes et autres gabares –, étonnant son monde par ses connaissances dans la manœuvre des bâtiments, dans les moindres pièces et parties qui les composent.

Le 24 juin, le chef d'escadre d'Albert de Rions accueille le roi à bord du *Patriote.* Fleuron de la Royale, c'est un «74 canons» pourvu de deux ponts et d'une coque dernier cri, doublée de cuivre. Le roi, une nouvelle fois, étonne ses commensaux et les marins : dédaignant, malgré la forte houle, l'escalier qu'on a prévu pour lui, il monte par une échelle ordinaire. Nouveau commentaire : «Sa Majesté monta par une échelle avec la même aisance que n'importe quel particulier, à croire qu'il avait été marin toute sa vie.» Philippe Delorme dans le beau livre qu'il consacre à ceux qu'il appelle «les princes de la mer» écrit, et nous souscrivons à sa remarque : «Cette scène cadre mal avec l'image d'un poussah cacochyme et ventripotent, inventée par l'historiographie républicaine.»

Le choix du *Patriote* n'est pas innocent. Ce vaisseau de ligne est un tout nouveau modèle, ultra-moderne, qui doit équiper toute la flotte de France dont le projet, je le rappelle, véritable obsession royale, est qu'elle fasse jeu égal avec sa grande rivale anglaise – voire la dépasse en nombre et puissance. Louis XVI veut ici se persuader de la justesse de son choix. Le marquis de Marigny, directeur des bâtiments du roi, écrit : « Sa Majesté parcourut toutes les parties du vaisseau, examina tout très en détail. Elle y donna même des preuves que toutes les parties qui regardent soit la construction, soit le gréement, ne lui sont pas étrangères. » Les officiers municipaux qui accompagnent la promenade royale font tous la même constatation. L'un d'entre eux note dans son livre de bord : « Sa Majesté se fit rendre compte de tout ce qui pouvait intéresser le service, entrant dans les plus petits détails, faisant des questions et des observations dont la précision et la sagacité étonnaient les marins qui avaient l'honneur de l'approcher. »

Mais la journée ne fait que commencer. Alors que nombre de personnes de la suite royale semblent très incommodées par la mer, Louis XVI est comme un « poisson dans l'eau ». Il blague avec les marins, barre le navire avec adresse. Poussé par un vent favorable, *Le Patriote* se retrouve à quelques lieues des côtes anglaises ! Et pendant quatre bonnes heures on va même jusqu'à simuler un combat naval, avec navires pris à l'abordage et contraints d'amener leur pavillon, démâtage et autres tableaux spectaculaires, au milieu d'une « canonnade des plus vives » !

Lors de tout déplacement effectué par un chef d'Etat, monarque, président, homme politique quelconque, les flagorneries et le ridicule sont monnaie courante. Solutré, Colombey, les Glières, Florange nous en ont fourni de beaux exemples. Donc, ce 24 juin 1786, Louis XVI, qui est venu à Cherbourg, je le rappelle avant tout, pour réaliser un rêve d'enfant et voir la mer, se retrouve entouré d'une importante flottille. Face à cette canonnade aussi furieuse que démonstrative, l'auteur anonyme du *Voyage de Louis XVI dans sa province de Normandie* s'écrie : « Et tous ces tonnerres réunis produisirent une explosion si terrible qu'elle retentit jusqu'à l'île de Wight, sur les côtes d'Angleterre. » Sans doute notre auteur, emporté par sa fougue, a-t-il confondu l'île où se tiendrait, presque deux cents ans plus tard, à partir de 1968, un célèbre festival de musique pop et rock, avec l'île anglo-normande d'Aurigny très proche de Cherbourg… Mais il est bien utile – croit-on – parfois de flatter les puissants…

En fin d'après-midi, alors qu'un calme impressionnant interrompt la naumachie et rend le retour problématique, le roi évoque avec les marins et les autorités locales la nécessité d'édifier une puissante citadelle à Querqueville et en profite pour faire tirer quatre coups de canon à boulet afin d'observer, ce sont ses propres termes, « l'effet de ricochet sur la mer ».

Comme le temps passe vite auprès de ces marins et de ce peuple avec lequel il s'entretient de tout et de rien, et comme la vision de cette mer houleuse le rend heureux ! Le 25 juin, dernier jour à Cherbourg, Louis XVI le consacre à un parcours à pied le long de la chaussée qui mène au fort d'Artois et à une reconnaissance le long des côtes afin de vérifier les lignes de batteries et les forts de défense. La journée est loin d'être finie… Louis examine les entrepôts où se fabriquent les cônes, le moulin qui monte l'eau pour les immerger, mais aussi la boulangerie du port, les forges. Il longe les jetées, s'enfonce dans le port, découvre une « cayenne » (prison) qu'on est en train de bâtir sur l'un des quais, s'intéresse au fonctionnement de l'écluse, du pont tournant, regagne Le Becquet de Danneville ; prenant seul la décision, il va où son désir le pousse, décide d'accoster à la corvette *La Blonde*, monte à bord de la frégate *La Félicité*, du cotre *Le Malin*, et de *La Junon*, une grosse frégate de 40 canons. Le roi est méconnaissable, agile, vif, prenant des décisions, heureux, terriblement heureux. Lorsqu'il est de nouveau à quai, le voilà suivi par une foule toujours plus nombreuse, qui veut le toucher, lui parler, qui dialogue avec lui de l'état de la France, de la vie de l'ouvrier, de l'artisan, du paysan. Son ministre de la Marine, Castries, note que durant ce voyage le roi « était ému de se sentir aimé ». C'est donc ça son peuple ! Pourquoi a-t-il mis tant de temps à aller à sa rencontre ? Pourquoi a-t-il écouté ses mauvais conseillers qui le dissuadaient d'aller au-devant de ses sujets, de ce peuple avec lequel il se sent si bien, tellement mieux qu'à Versailles, et dans les salons dorés qui l'étouffent ?

Ce n'est pas ce que les commentateurs retiendront de cette journée… Mais un autre fait. Alors qu'un déjeuner est servi sur le tillac du *Patriote*, Louis XVI, bousculant l'étiquette, délaisse la table des invités et va déguster avec les marins un pâté de poisson salé, autrement appelé « la ressource des marins en mer ».Tout en dévorant à pleines dents ce plat dédaigné par les autres, il s'écrie : « Je le préfère à tous ceux de Versailles. »

Cependant, il ne faut pas penser que le roi ne s'est nourri que de pâté de poisson, d'omelette ou de tranches de pain agrémentées de beurre de baratte. Il faut imaginer ces dîners auxquels l'invite la noblesse de province qui singe Versailles et souvent croyant faire plaisir au roi ne fait que reproduire les travers et les aberrations de la Cour. En général une cinquantaine de convives sont invités : duchesses, marquises, comtesses, demoiselles, princes, ducs, marquis, comtes, chevaliers, tous trépignant d'impatience. Les hommes croulent sous une surabondance de montres, de chaînes, de bagues ; l'habit et le gilet couverts de boutons d'or ou d'argent avec des ornements ciselés, tantôt en nacre et en bois de senteur avec incrustation de pierreries, tantôt offrant des lettres pour former le nom de l'individu qui les porte, tantôt décorés de peintures sous verre, d'insectes, de minéraux, d'objets d'histoire naturelle. Les femmes, elles, depuis la victoire de la frégate *La Belle Poule*, après avoir arboré des coiffures extravagantes, où des maquettes de bateaux surmontaient leurs perruques poudrées, ont désormais la tête ornée de coiffures parvenues à un tel degré de hauteur, par l'échafaudage des gazes, des fleurs et des plumes, qu'elles ne trouvent pas de voitures assez élevées pour s'y placer. Elles se sont donc rendues au dîner royal, la tête penchée ou hors de la portière, voire agenouillées dans leur carrosse.

Pour redonner un certain lustre à la vie de cour, Louis, au début de son règne, quelque peu « aiguillonné » par Marie-Antoinette, avait inauguré des « repas de société » auxquels étaient invités des convives, sélectionnés pour leur condition ou leur mérite. Un menu d'apparat avait été fixé, qui se compose de quatre services, comprenant plusieurs plats chacun, plus un cinquième, préparé à l'office et comportant confiseries, glaces, pâtisseries et autres friandises. C'est exactement ce à quoi Louis a eu droit durant son séjour normand, chaque agape débutant par un poème à la gloire du roi rédigé par un rimailleur local…

Fidèle à la mode du temps, les tables auxquelles Louis est invité ne comportent plus ni rôtis saupoudrés de poudres odoriférantes, ni œufs arrosés d'eau de senteur, ni ragoûts gorgés d'épices, ni grillades couvertes de crèmes musquées. Désormais viandes et légumes ont perdu leur apparence originelle. Tout n'est plus que fins hachis, jus, coulis, bouillis, consommés, car enfin, comme l'a fait remarquer un publiciste : « N'est-ce pas déchoir que de reconnaître au premier coup d'œil ce qu'on mange et de mâcher ainsi comme la racaille ! » Restent les desserts : Louis est gourmand, il raffole de marmelade d'agrumes à la bergamote, et d'onctueuse crème à la sultane…

Le repas terminé, toutes et tous se dirigent vers les salons où doivent avoir lieu des jeux de société, qu'il déteste. Quelle étrange chose : la société française est à l'apogée de son élégance, mais aussi de son scepticisme et de sa légèreté. Au milieu d'une sorte d'indulgence et de laisser-aller douceâtre, où ni les élégantes portant des « pierrots », ni les élégants se montrant dans les salons en cheveux courts et sans perruque, ne déclenchent le moindre scandale, on semble ne plus avoir de sévérité que pour la reine surnommée l'Autrichienne, l'accusant même de saphisme, mais surtout pour le roi qu'on traite de « serrurier » et de « gros cochon ». Parfois Louis craint que tout cela ne sombre dans une expiation terrible, qu'un cataclysme vienne purger le pays d'une forme de nonchalance coupable.

Dans le salon des jeux de société, donc : on y joue au petit jeu des questions, à la guerre-panpan. Certains préfèrent le colin-maillard, d'autres le descampativos. Sans oublier évidemment les fameux bouts-rimés… Tout cela est bien éloigné de la mer et de la Royale…

Le 26 juin au matin, il reprend la route du retour, passe par Caen, puis arrive à Honfleur le 27, où il monte à bord de l'*Anonyme*, une belle frégate élancée, rapide, à pont découvert qui arbore une fleur de lys rouge sur son pavillon de poupe. Mais très vite, le vent tombe, le navire n'en finit plus de faire des bordées, et quand l'orage éclate, accompagné de vent et de pluie, le roi semble aux anges au milieu de tous ses marins, suivant la manœuvre avec entrain tandis qu'on serre une partie des voiles, n'hésitant pas à jurer avec les matelots ébahis : « Il n'y a point de mal, c'est la langue du métier, non ! », leur dit-il. Dans ses *Mémoires secrets pour servir à l'histoire de la République des Lettres en France*, Louis Petit de Bachaumont note : « On a partout observé deux choses. L'une, c'est que le roi est parfaitement instruit de tout ce qui concerne la marine, et n'a paru étranger ni à la construction, ni à l'équipement, ni à la manœuvre des vaisseaux. Les termes mêmes de cette langue barbare ne lui sont point nouveaux, et il la parle comme un marin. » Debout sur le tillac, droit sous les rafales de vent et de pluie, Louis XVI jouit de ce dernier moment sur l'eau plus de trois heures durant, conscient qu'il est en train de vivre sa dernière vision de l'océan. Fin de partie : il accoste au Havre.

Mais là encore, la journée est loin d'être finie. Il faut jouir des derniers instants. Après avoir pris le temps d'observer le chauffage d'un navire au radoub, reçu en cadeau de l'abbesse de Montivilliers un paon blanc, il assiste au lancement d'un bateau, ce qui lui arrache des soupirs – « rien n'est plus beau », murmure-t-il. La lettre qu'il adresse alors à Marie-Antoinette dit tout de son état d'esprit du moment : « Je n'ai jamais mieux goûté le bonheur d'être roi que le jour de mon sacre et lors de ce séjour à Cherbourg. »

Sur la route du retour, il traverse cette Normandie, toute de vallées couvertes d'arbres et de prairies, parle une dernière fois avec les paysans, les ouvriers, les artisans. Enfin il a pu étancher sa soif de contacts humains, son besoin profond de rencontrer le pays dans sa réalité. A quelques encablures de sa capitale, les acclamations se font plus rares, à un carrefour son carrosse est caillassé. Il confie à ceux qui l'accompagnent : « Il me faut sortir plus souvent de Versailles et aller plus loin que Fontainebleau. »

Comment a-t-il pu ne pas comprendre qu'il tenait là, comme le suggère Bernard Vincent, dans ce face-à-face avec un peuple qui continue de le respecter et de l'admirer, « la clé du problème que lui posaient toutes les forces conspirant à sa perte » et qu'il possédait là un atout majeur capable de contrer toutes les intrigues du microcosme versaillais et parisien ?

Pourquoi n'a-t-il pas poursuivi les réformes qu'il avait entreprises ? Il est nécessaire d'en rappeler quelques-unes puisque l'Histoire officielle s'est plu à les oublier…

C'est lui qui inaugure la pratique de publier en détail les comptes publics. Ce qui signifie qu'à aucun moment il ne considère les impôts comme le trésor du roi.

Contrairement à ce qu'ont écrit tant d'historiens, Louis XVI a dépensé pour lui-même infiniment moins que ses prédécesseurs : il n'a fait construire aucun palais, mais une foule d'hôpitaux, d'écoles, d'établissements utiles ou charitables.

Il opère des coupes sombres dans les Offices et les places à la Cour.

Amoureux de la chasse il supprime pourtant la fauconnerie, le vautrait, la louveterie, le vol du cabinet et réduit considérablement la vénerie.

Nous ne dirons jamais assez que grâce à lui la monarchie avait déjà pris le tournant égalitaire que la Révolution allait seule revendiquer. Emmanuel de Waresquiel le rappelle : « Parmi les mesures initiées par le gouvernement du roi, il en existait beaucoup de franchement libérales, qui étaient autant d'avancées sociales, administratives et fiscales » :

La création d'assemblées provinciales élues, qui ne sont rien d'autre que l'ancêtre de notre décentralisation, et dont le but était d'établir l'équilibre des impôts sur toutes les classes et de créer un nouveau mode de perception grâce à la suppression graduelle des privilèges, devant conduire à une égalité des impôts, assemblées bien entendu combattues sans relâche par les parlements.

Poursuivons la liste non exhaustive de ces mesures : le doublement au sein de ces assemblées de la représentation du tiers état (qui annonce en fait ce qui se passera aux états généraux) ; l'abolition et le rachat de la corvée, nous en avons déjà parlé, qui n'était qu'une réquisition gratuite des sujets du roi à l'entretien de ses routes ; la fin programmée des justices seigneuriales et des justices d'exception ; des procédures criminelles moins rigoureuses ; l'abolition de la torture, de la question préalable appliquée aux prisonniers pour connaître leurs complices ; l'abolition de l'usage de la sellette ; l'instauration de droits nouveaux donnés aux justiciables comme l'obligation inscrite dans la loi de les dédommager au cas où ils seraient innocents.

Nous pourrions ajouter qu'il a souhaité développer des cours d'accouchement, proposé l'uniformité des poids et mesures, qu'il a créé le corps des pompiers. Voici un roi réformateur, visionnaire, qui a fait feu de tout bois : finançant sur ses propres fonds les expériences d'aérostation des frères Montgolfier, ainsi que l'adaptation de la machine à vapeur à la navigation.

Il ne refuse d'intervenir dans aucun domaine. Prenons celui de la culture. Voici un roi proche de ses sujets qui n'a pas la « folie des grandeurs », qui ne se fait construire aucune pyramide, aucun obélisque, aucune grande bibliothèque, musée ou Beaubourg à son nom mais qui crée le droit de propriété des auteurs et compositeurs, l'Ecole de musique et de danse de l'Opéra de Paris, le Musée de sculptures et de peintures du Louvre, le Musée des sciences et techniques, et, bien avant Mérimée et la création des Monuments historiques, invente la notion de patrimoine en demandant la restauration des ruines romaines de Nîmes et d'Orange.

La question étant de savoir si ce roi, depuis le début de son règne, comme assis à cheval sur deux politiques – une solution monarchique, traditionnelle, absolutiste, issue de ses prédécesseurs ; une autre libérale et rationnelle, plus conforme aux aspirations de son temps –, aurait fini par glisser lentement vers une monarchie constitutionnelle… Pour Ernest Semichon, qui publie, en 1876, un livre passionnant, *Les Réformes sous Louis XVI*, cela ne fait aucun doute. Il écrit : « Louis XVI, tout en n'ayant pas l'idée de continuer la monarchie de Louis XIV, a voulu user de son droit souverain, et créer ainsi de lui-même une constitution provinciale, décentralisatrice, libérale et avant tout chrétienne. Dans cette pensée, il ne fut point indécis, irrésolu, comme on l'a répété tant de fois ; il a toujours persisté à maintenir ces réformes fondamentales jusqu'en 1789. »

De retour de Cherbourg, le 29 juin au soir, les grilles de Versailles, telles celles d'une prison, se referment sur lui. Bouleversé par le spectacle de ces eaux déchaînées et de ce peuple qu'il a enfin découverts, il se met à rêver à une société plus juste. On connaît la suite. Guillotiné le 21 janvier 1793, la nouvelle de sa mort arrive à Cherbourg dans la journée du 23. On rapporte, je cite, qu'elle froissa bien des cœurs et fit sur l'esprit public une triste et vive impression. Dans les rues de Cherbourg, des jacobins font peindre des attributs de la royauté et les brûlent en place publique. Sur les 90 cônes prévus seuls 18 avaient été coulés ; la Révolution met fin aux travaux. Quelques années plus tard, alors que les tempêtes ont détruit presque tous les cônes visités par Louis XVI, on les rase sauf un conservé pour servir de vigie et indiquer aux navigateurs l'ouverture de la passe orientale. Mais il succombe à son tour, le bois des cônes ne résistant pas aux tempêtes de la mer du Nord, sous le poids des flots le 12 février 1799. Ne reste que la mer, tantôt d'huile tantôt furieuse, confondant sa destinée et celle des choses et des humains.

Bien des années plus tard, à Sainte-Hélène, Napoléon évidemment, ironisera sur ce « grand événement ». Dans ses *Mémoires*, Mme Campan, femme de chambre de Marie-Antoinette, présente la visite de Louis XVI en Normandie comme la « démarche la plus marquante qu'il ait faite pendant son règne ». D'innombrables peintures, gravures, estampes et autres brochures attestent de l'indéniable triomphe de ce périple normand. Je reste persuadé que ce jeune roi qui, s'il avait vécu aussi vieux que Louis XIV, serait mort en 1831, aurait mis à profit les leçons de ce séjour et aurait réformé la France. Bouleversé par le spectacle de ces eaux tantôt calmes et tantôt déchaînées, par ce peuple qu'il avait enfin découvert, oui, je le répète, il s'était mis à rêver à une société plus juste, plus égalitaire – celle-là même qu'il évoque non seulement dans ses *Maximes morales et politiques*, mais surtout dans ses *Réflexions*, déjà citées, rédigées entre 1766 et 1769, alors qu'il avait entre 12 et 15 ans : « Tout ce que le père doit à ses enfants, le frère à ses frères, l'ami à son ami, le prince le doit à ses sujets, et toute action de la souveraineté doit être un bienfait pour l'humanité. »

A la maxime de la monarchie : « Si veut le roi, si veut la loi », Louis XVI oppose la sienne : « Si veut le bonheur de ses peuples, si veut le roi. »

CHRISTINE ANGOT Écrivaine
Dernier ouvrage paru : *Le Voyage dans l'Est*, Flammarion, 2021.

YONATHAN ARFI Président du Conseil représentatif des institutions juives de France (CRIF).

LIOR ASHKENAZI Acteur.
Dernier film : *Mosolov's Suitcase*, réalisé par Matthew Mishory, 2024.

YVAN ATTAL Acteur et réalisateur.
Dernier film : *Frères* avec Mathieu Kassovitz, 2024.

JEAN-MICHEL BLANQUER Ancien ministre de l'Éducation nationale.
Ouvrage à paraître : *La Citadelle*, Albin Michel, 2024.

YAËL BRAUN-PIVET Présidente de l'Assemblée nationale (Ensemble).

PATRICK BRUEL Compositeur et interprète.
Dernier album : *Encore une fois*, Sony Music, 2022.

PIERRE-ANTOINE CHARDEL Philosophe et sociologue.
Dernier ouvrage paru : *Socio-philosophie des technologies numériques. Éthique, société, organisations* (Presses des Mines, 2022).

GÉRARD DE CORTANZE Écrivain.
Dernier titre paru : *Une jeune fille en feu, Christine l'Admirable sainte et rebelle* (Albin Michel, 2023).

NATHAN DEVERS Écrivain et philosophe.
Dernier ouvrage paru : *Penser contre soi-même*, Albin Michel, 2024.

CAROLINE FOUREST Journaliste, essayiste et co-fondatrice de *Franc-Tireur*.
Ouvrage à paraître : *Le Vertige MeToo : Trouver l'équilibre après la nouvelle révolution sexuelle*, Grasset, 2024.

STEPHANE FREISS comédien.
Dernier spectacle : *Le cercle des poètes disparus* de Tom Schulman, mise en scène Olivier Solivérès, 2024.

FRANÇOIS HEILBRONN Vice-président du Mémorial de la Shoah.
Dernier ouvrage paru : *Deux étés 44*, Stock, 2023.

ANNE HIDALGO Maire de Paris.
Dernier ouvrage paru : *Une femme française*, L'Observatoire, 2021.

DELPHINE HORVILLEUR Rabbine et directrice de rédaction de Tenou'a.
Dernier ouvrage paru : *Comment ça va pas ? Conversations après le 7 octobre*, Grasset, 2024.

WESSIM JOUINI Diplômé des grandes écoles HEC et ENS.

HAÏM KORSIA Grand rabbin de France.
Dernier ouvrage paru : *Comme l'espérance est violente*, Flammarion, 2024.

JULIA KRISTEVA Psychanalyste, femme de lettres.
Dernier ouvrage paru : *Dostoïevski*, Buchet/Chastel, 2020.

GÉRARD LARCHER Président du Sénat.
Dernier ouvrage paru : *La République des Girondins. La pensée constitutionnelle d'une mouvance politique sous la Révolution*, avec Fabien Gallinella et Eric Gasparini, Dalloz, 2023.

BERNARD-HENRI LÉVY Philosophe, écrivain et cinéaste.
Dernier ouvrage paru : *Solitude d'Israël*, Grasset, 2024.

JUSTINE LÉVY Écrivaine.
Dernier ouvrage paru : *Son fils*, Stock, 2021,

JEAN-CLAUDE MILNER Linguiste et philosophe.
Dernier ouvrage paru : *La Destitution du peuple,* Verdier, 2022.

PATRICK MIMOUNI Écrivain.
Dernier ouvrage paru : *Proust amoureux. Vie sexuelle, vie sentimentale, vie spirituelle*, Grasset, 2021.

EMILIE MOATTI Directrice du forum des Familles d'otages de Tel Aviv et ancienne députée du Parti travailliste israélien.

YANN MOIX Écrivain.
Dernier ouvrage paru : *Visa*, Grasset, 2024.

MAURIZIO MOLINARI Directeur de *La Repubblica*.
Dernier ouvrage paru : *Mediterraneo conteso*, Rizzoli, 2023.

DOUGLAS MURRAY Écrivain et journaliste.
Dernier ouvrage paru : *The War on the West: How to prevail in the age of unreason*, HarperCollins, 2023.

DANIEL RAMIREZ Rédacteur en chef de *El Español*.
Dernier ouvrage paru : *Manifiesto para la sociedad futura*, Catalonia, 2020.

JEAN-BAPTISTE SEMERDJIAN Journaliste au *Figaro*.

DAVID TEBOUL Réalisateur et scénariste.
Dernier film : *Les Filles de Birkenau, 2024*.

PHILIPPE VAL Journaliste.
Dernier ouvrage paru : *Rire*, L'Observatoire, 2024.

MANUEL VALLS Ancien Premier ministre.
Dernier ouvrage paru : *Le courage guidait leurs pas : 12 destins face à l'Histoire*, Tallandier, 2023.

N°1

- Pour Roland Barthes
- Autour d'un inédit de Kojève
- Avec Tadeusz Kantor

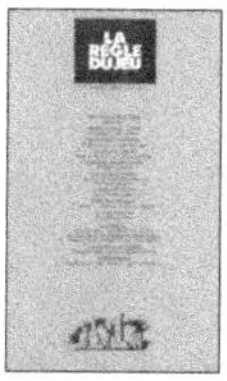

N°2

- Penser Le Pen
- La question islamique
- Lire Werfel

N°3

- Avec Danilo Kis
- Sur le nationalisme

N°4

- Ultimes précisions sur le cas Heidegger
- Chroniques de l'après-Golfe

N°5

- Avec Berl
- L'écriture de l'art

N°6

- L'affaire Barthes
- Actualité du XVIIIe siècle

N°7

- Cuba à Paris

N°8

- 1492 : un autre regard II

N°9

- Hommage à Sarajevo

N°10

- Pour Rushdie

N°11

- La critique dans tous ses états
- Avec Derek Walcott

N°12

- Algérie : la tragédie
- Les pièges de «l'exception culturelle»

N°13

- Sarajevo, Sarajevo
- Découvrir Kenzaburo Oé

N°14

- Tapie le symptôme
- Bosnie : la honte continue
- Avec Juan Goytisolo

N°15

- Autour de Taslima Nasreen
- Que reste-t-il des années Mitterrand ?
- Gombrowicz en scène !

NUMÉROS PRÉCÉDENTS

N°16

- Notre cinéma
- Gombrowicz en scène !!

N°17

- Réflexions sur la question tsigane
- Banlieues : la haine et après ?

N°18

- Autour de La Cérémonie

N°19

- Pour Guillermo Cabrera Infante
- De la musique contemporaine
- Un monde sans élites

N°20

- Clara Halter

N°21

- Que peuvent les intellectuels ?
36 écrivains répondent

N°23

- Lumières de l'Islam
- Zone des tempêtes (Bagdad, Tel-Aviv, Karachi, Islamabad, Kaboul...)

N°24

- La question des Lumières
- L'autre Amérique

N°25

- L'affaire Le Monde
- Rwanda, dix ans après le génocide
- Hommage à Benny Lévy

N°26

- La question iranienne
- Portraits iraniens

N°27

- Sartre et son siècle
- Littérature, carte blanche

N°28

- György Konrád

N°29

- Lettres de Tchetchénie

N°30

- Psychanalyse : contre-attaque

N°31

- Amérique : après le vertige

N°32

- BHL dit à New York : Sartre et les Juifs, Le cas Gary, Introduction à l'œuvre d'Emmanuel Levinas

N°33

- Pour Anna Politkovskaïa
- De La République de Platon au Talmud

N°34

- 40 ans après la guerre des Six-Jours
- En soutien à Robert Redeker

N°35

- Trois poètes : Joseph Durand, Isabelle Balot, Richard Rossin
- Immigration et identité nationale

N°36

- Pour célébrer Moravia
- Gauche : avez-vous déjà ressuscité un mort?

N°37

- Pour Ayaan Hirsi Ali

N°38

- Salut à Alain Robbe-Grillet

N°39

- Aujourd'hui, le Mal

N°40

- Textes de Yann Moix, Laurent Dispot, Shimon Pérès et Bernard-Henri Lévy

N°41

- Salman Rushdie, 20 ans après la fatwa

N°42

- Les écrivains et le cinéma

N°43

- Littérature et art contemporain

N°44

- La Règle du jeu a 20 ans. Double numéro anniversaire.

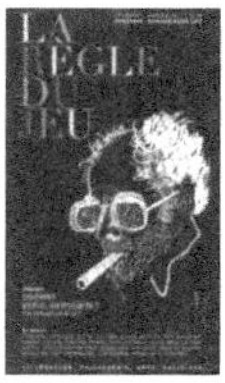

N°45

- Godard est-il antisémite ?

N°46

- Comment la gauche peut-elle gagner en 2012 ?

NUMÉROS PRÉCÉDENTS

N°47

- James Joyce

N°48

- Les écrivains et la politique

N°49

- Peter Lindbergh :
Le Bolchoï

N°50

- Comment écrivez-vous ?

N°51

- Une nuit de massacre,
nouvelle inédite de Marguerite Duras

N°52

- Le parti pris de Ponge

N°53

- Arthur Cravan est vivant !

N°54

- Les écrivains s'engagent
pour Christiane Taubira

N°55

- La pierre de la folie

N°56

- Génocide des Tutsis du Rwanda :
mémoire, justice et reconstruction

N°57

- Ukraine, cette terre incognita

N°58/59

- Heidegger et Les «Juifs»
(Numéro double)

N°60

- Burundi, juger les crimes

N°61

- Pour saluer Elie Wiesel

N°62

- Terreur pour tous

N°63

- Qu'est-ce que le populisme ?

N°64

- Avec les Kurdes plus que jamais

N°65

- La nuit des intellectuels

N°66

- Littératures de Venise
Venises de littérature

N°67

- Requiem pour la cigarette

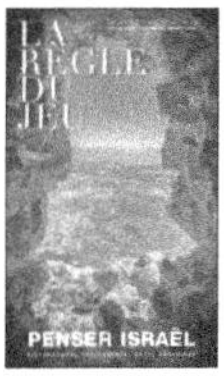

N°68

- Penser Israël

N°69/70

- Looking for Europe

N°71

- La dépression : Mal du siècle?

N°72

- Michel Foucault :
Penseur d'aujourd'hui

N°73

- Complots et complotistes

N°74

- Splendeurs et misères
du monde contemporain

N°75

- La Règle du jeu a 30 ans.
Comment lisez-vous?

N°76

- Ukraine Le tribunal de l'histoire

N°77

- Lumière sur l'Ukraine

N°78

- Entretien inédit avec
Jorge Luis Borges

N°79

- Proust et l'extrême droite

N°80

- Pour une autre Italie

N°81

- Lire Philippe Sollers

N°82

- L'anti-destin d'André Malraux

ABONNEMENT - BON DE COMMANDE
34e ANNÉE . OCTOBRE 2024 . **N°83**

Abonnement annuel (3 numéros)
France et DOM-TOM : 50 euros
Étranger : 50 euros
Étudiant : 40 euros (joindre une photocopie de la carte d'étudiant)
Frais de port inclus

Nom : ....

Prénom : ....

Adresse : ....

....

Courriel : ....

Bulletin à retourner accompagné d'un chèque
à l'ordre de «La Règle du jeu» à :
La Règle du jeu - 61, rue des Saints-Pères - 75006 Paris - France

---

Pour commander un numéro déjà paru, cocher la case
correspondante et adresser un chèque de 20 euros
par numéro commandé à :
La Règle du jeu - 61, rue des Saints-Pères - 75006 Paris - France

☐ 1	☐ 15	☐ 30	☐ 44	☐ 58/59	☐ 74
☐ 2	☐ 16	☐ 31	☐ 45	☐ 60	☐ 75
☐ 3	☐ 17	☐ 32	☐ 46	☐ 61	☐ 76
☐ 4	☐ 18	☐ 33	☐ 47	☐ 62	☐ 77
☐ 5	☐ 19	☐ 34	☐ 48	☐ 63	☐ 78
☐ 6	☐ 20	☐ 35	☐ 49	☐ 64	☐ 79
☐ 7	☐ 21	☐ 36	☐ 50	☐ 65	☐ 80
☐ 8	☐ 23	☐ 37	☐ 51	☐ 66	☐ 81
☐ 9	☐ 24	☐ 38	☐ 52	☐ 67	☐ 82
☐ 10	☐ 25	☐ 39	☐ 53	☐ 68	
☐ 11	☐ 26	☐ 40	☐ 54	☐ 69/70	
☐ 12	☐ 27	☐ 41	☐ 55	☐ 71	
☐ 13	☐ 28	☐ 42	☐ 56	☐ 72	
☐ 14	☐ 29	☐ 43	☐ 57	☐ 73	

Vous pouvez également vous abonner ou commander
un numéro déjà paru par mail : abonnement@laregledujeu.org
ou sur notre site **WWW.LAREGLEDUJEU.ORG**

34e ANNÉE . OCTOBRE 2024 . **N°83**
DIRECTEUR **BERNARD-HENRI LÉVY**

Trois parutions par an
Prochaine parution
N°84, JANVIER 2025

LE SITE DE LA REVUE
WWW.LAREGLEDUJEU.ORG

Diffusion Prolivre et Hachette

Imprimé en France
Cet ouvrage a été imprimé
par CPI Bussière
pour le compte des éditions Grasset
à Saint-Amand-Montrond (Cher) en
Septembre 2024
Dépôt légal : Septembre 2024
N° d'édition : 22208
N° d'impression : 2080276